Birgit und Thomas Pätzold – Migrantissimo

PORTRÄTS UND REZEPTE VON ZUWANDERERN IN DER HANSESTADT ROSTOCK

Migrantissimo

BIRGIT UND THOMAS PÄTZOLD

IMPRESSUM

Migrantissimo – Porträts und Rezepte von Zuwanderern in der Hansestadt Rostock

Texte:
Birgit und Thomas Pätzold
Fotos:
Thomas Pätzold, außer Seite 58 (Israel Ramirez), Seite 78 (Juri Beltschikow)
Bildbearbeitung:
Kay Sievert

Herausgeber:
Förderverein des Migrantenrates der Hansestadt Rostock – FABRO e.V.

Herstellung:
KLATSCHMOHN Verlag, Druck + Werbung GmbH & Co. KG Bentwisch/Rostock
ISBN 978-3-941064-37-9

Gefördert von:
Norddeutsche Stiftung für Umwelt und Entwicklung – NUE
Stiftung :DO

In der Hansestadt Rostock, der größten Kommune des Landes Mecklenburg-Vorpommern mit mehr als 200000 Einwohnern[1], leben derzeit etwa 8000 ausländische Mitbürgerinnen und Mitbürger. Die größten Gruppen bilden dabei die Migrantinnen und Migranten aus Russland, der Ukraine und Vietnam. In unserer Stadt vertreten sind jedoch Menschen aus allen fünf Kontinenten und einer Vielzahl von Ländern.

Die Gründe für die Emigration aus der alten Heimat sind dabei ebenso verschieden wie die menschlichen Schicksale, die mit ihnen verbunden sind. Dazu zählen politische Verfolgung und soziale Ausgrenzung, finanzielle Notlagen oder auch eine berufliche oder kulturelle Neuorientierung. Ebenso unterschiedlich sind die Gründe für die Wahl der neuen Heimat. Dazu zählen das in Deutschland praktizierte Asylrecht, berufliche Chancen für einen Neuanfang, kulturelle Vorlieben oder auch familiäre Beziehungen.

Welche Gründe auch immer eine Rolle für die Migration nach Rostock im Einzelfall gespielt haben – zu uns gekom-

[1] Am 31. Dezember 2008 lebten in Rostock 201096 melderechtlich mit Hauptwohnsitz registrierte Personen. Davon waren 7802 Ausländer.
(Quelle: Statistisches Amt Mecklenburg-Vorpommern)

men sind Menschen, die unser Leben in der Hansestadt bereichern, mit prägen, vielfältiger und weltoffener machen. Sie nehmen Teil am gesellschaftlichen Leben, sind unsere Kolleginnen und Kollegen bei der Arbeit, Mitstreiter im politischen Leben und natürlich auch Freunde geworden.

Sie engagieren sich für ihre Kultur wie für ein interkulturelles Miteinander in Vereinen:
dem Lateinamerikaverein TALIDE,
dem DARAJA – Deutsch-Afrikanischer Freundeskreis,
den Freunden der Russischen Sprache,
der Deutsch-Ungarischen Gesellschaft,
dem Vietnamesischen Verein DiênHồng,
um nur einige zu nennen.

Dabei bringen sie ihre besonderen Erfahrungen mit aus ihrem Herkunftsland, die für unsere demokratische Kultur in unserer Stadt von unschätzbarem Wert sind.

Und die interkulturelle Auseinandersetzung, die mit der Migrationserfahrung untrennbar verbunden ist, bereichert unser öffentliches Leben und leistet einen wichtigen Beitrag zur kulturellen Bildung von uns Deutschen – egal wie lange wir uns schon so definieren.

Wir haben uns auf eine Entdeckungsreise gemacht und 15 Familien oder Einzelpersonen aus verschiedenen Ländern nach ihren Lebensgeschichten befragt. Wir sind auf freundliche und warmherzige Menschen gestoßen, die gern hier bei uns leben und sich inzwischen als Rostocker sehen – sie gehören zu uns und unserer Stadt.

Im Mittelpunkt dieses Buches stehen die Menschen. Wir entdecken, und dies vor dem Hintergrund unterschiedlicher kultureller Erfahrung, letzten Endes einen großen Schatz an Gemeinsamkeiten – Verbindendes über kulturelle Grenzen hinweg.

Zu diesen Gemeinsamkeiten gehören berührende Liebesgeschichten und Freundschaften, berufliches und politisches Engagement zum Wohle unseres Gemeinwesens. Aber eben auch die Liebe zum Kochen und zum Essen und natürlich auch zum Reden über die vielfältigen Unterschiede und Gemeinsamkeiten, die die Esskultur hierzulande und andernorts betreffen.

Wir haben alle Personen und Familien gebeten, uns drei ihrer Lieblingsrezepte zur Verfügung zu stellen. Entstanden ist eine Auswahl an 45 Rezepten aus fünfzehn Ländern und vier Kontinenten, die verschiedenartiger nicht sein können, und dennoch auch viel Vertrautes enthalten.

Wir haben die meisten der Rezepte nachgekocht; einige Male waren wir auch zu Gast in den Familien. Einige der Familien betreiben in Rostock ihr Restaurant oder einen Imbiss und sind vielen Rostockern mittlerweile bekannt. Auch hier gibt es vieles zu entdecken.

Neues über die Kultur von Migrantinnen und Migranten in unserer Stadt zu lernen, den Menschen durch ihre Geschichten zu begegnen, die Gründe für ihre Migration und ihr Hiersein zu erfahren – dazu wollen wir anregen. Das Verbindende zu erkennen und das Trennende zu überwinden: Geschichten von Rostockern.

* * *

Wir bedanken uns bei allen Familien, die durch ihre Offenheit und Gastfreundschaft an diesem Buch mitgewirkt haben.

Unser Dank gilt auch den Förderern, der Norddeutschen Stiftung für Umwelt und Entwicklung und der Stiftung :DO, die mit ihrem Engagement in der entwicklungspolitischen Bildung dieses Projekt möglich gemacht haben.

ABOUBACAR SY

Aboubacar wurde 1980 in Mauretanien geboren. Gelebt und gearbeitet hat er jedoch überwiegend im Senegal.

Von 1986 bis 1995 besuchte er in Afrika eine Schule und schloss von 1995 bis 1998 eine Lehre zum Schweißer ab.

Auf viele Tätigkeiten kann er zurückblicken. So als Klempner für Rohrlegung im Tiefbau und in Industriebetrieben, als Elektromechaniker in einer Autowerkstatt. Er spielt verschiedene afrikanische Instrumente und kennt sich mit dem Aufbau der Technik bei Veranstaltungen aus.

2009 verließ er sein Land und kam als Flüchtling nach Deutschland. Einen Monat verbrachte er in Bremen, dann in einem weiteren Auffanglager 9 Monate, bis er 2010 nach Rostock kam.

Aboubacar ist Künstler. Er arbeitet mit unterschiedlichen Metallen und Holz, entwirft Skizzen, ist herausragend in Gestaltung und Design. Besonders schön sind seine einzigartigen Metallskulpturen. Eine seiner Arbeiten trägt das Wappen der Hansestadt Rostock, eine andere das von Hansa Rostock. Auf diese Weise identifiziert er sich mit seiner neuen Heimat.

Gerne würde er damit seinen Lebensunterhalt bestreiten. Das jedoch ist nicht möglich. Seine Adresse ist nach wie vor das Asylbewerberheim. Und ohne Aufenthaltsbewilligung, die er erst nach 3 Jahren bekommen kann, darf er keiner bezahlten Beschäftigung nachgehen.

Das zehrt sehr an seinem Selbstwertgefühl. Und an seiner Menschenwürde.

»Mein größter Wunsch ist es, in einer Lehrwerkstatt (Metallarbeiten/Kunst) mit Jugendlichen und Kindern zu arbeiten und mein Wissen und Können anzuwenden, zu vermitteln und auch selbst noch dazu zu lernen«, sagt er.

Soupoukandja
– Senegalesischer Gulasch mit Okraschoten und Palmöl –

Zutaten

- 500 g Rindfleisch
- 400 g Okraschoten
- 2 Tomaten
- 1 Zwiebel
- 4 Knoblauchzehen
- etwas Brühe
- 3 EL Tomatenmark
- 2 EL Senf
- 1 rote Chilischote
- 5 EL Öl
- 4 EL afrikanisches Palmöl
- 1 Lorbeerblatt
- 6 Sardellenfilets
- Salz
- Pfeffer

Zubereitung

Das Rindfleisch in Stücke schneiden und mit Öl in einem großen Topf von allen Seiten scharf anbraten. Die Zwiebel und den Knoblauch würfeln und hinzugeben. Nun Tomatenmark, Lorbeerblatt und Senf unterrühren, das immer noch bei sehr hoher Hitze. Dann mit 1 Liter Wasser auffüllen, die Hitze herunterschalten und schmoren lassen.

Die Okraschoten in kleine Ringe schneiden und mitschmoren lassen. Etwas Brühpulver dazugeben und alles ca. eine halbe Stunde bei mittlerer Hitze köcheln lassen, eventuell Wasser nachfüllen. Die Konsistenz muss sämig sein.

Nach weiteren 30 Minuten werden das Palmöl, die Chilischote und die Sardellenfilets hinzugefügt und alles solange gekocht, bis die Schoten verkocht sind.

Mit Salz und Pfeffer abschmecken und servieren.
Je nach Gusto kann man noch etwas Palmöl darüber träufeln.

Kokosmilchpudding *aus dem Senegal*

Zutaten

- 250 ml Kokosmilch
- 200 ml Milch
- 3 reife Bananen
- 3 Eier
- 1 TL Vanillezucker

Zubereitung

Alle Zutaten vermengen, die Bananen pürieren.
Ein Backblech fetten und die Masse darauf verteilen.
Im vorgeheizten Backofen bei 180 Grad ca. 30 Minuten backen.

In Stücke schneiden und servieren.

Djindja — *Ananas-Ingwer-Getränk aus dem Senegal* —

Zutaten

- 150 g frischer fein gewürfelter Ingwer
- Saft von 5 Limetten
- 1 Liter Ananassaft
- 1 Liter Wasser
- 6 EL Rohrzucker
- frische Minze

Zubereitung

Den Ingwer zusammen mit einem halben Liter Wasser mischen. Anschließend durch ein Haarsieb streichen und dabei das Ingwerpüree durch den Siebboden drücken.

Den gewonnenen Ingwersaft mit dem Limettensaft vermengen, das übrige Wasser, den Ananassaft und den Rohrzucker dazugeben.

Mit Minzeblättern dekorieren und gekühlt servieren.

Aristide mit seiner Lebensgefährtin Susanne Lilienthal

ARISTIDE KUAWU AHLIN

ARISTIDE KUAWU AHLIN

Aristide wurde 1961 geboren und ist in Lomé, der Hauptstadt von Togo mit 5 Brüdern und 2 Schwestern aufgewachsen. Er besuchte einen Kindergarten vom Deutschen Roten Kreuz, eine katholische Grundschule und bis zur 6. Klasse eine staatliche Grundschule. Anschließend bis zur 9. Klasse war er Schüler einer Realschule.

Nach 4-jährigem Besuch eines Gymnasiums und 3-jähriger Ausbildung zum Buchhalter studierte er Kunst an der Universität.

Aristides Großvater war Deutschlehrer. Immer war Aristide neugierig, wo Deutschland liegt, wo sich welche Stadt befindet.
Als Architekt arbeitete Aristide, die Lehrer lobten seine Arbeit. Aber entscheiden sollte er sich, ob er in der Kunst oder in der Architektur sein Können zeigen möchte. Er entschied sich für die Kunst. Als freischaffender Künstler war er tätig in Lomé.

Die politische Situation in Lomé wurde schwierig. Viele grausame Erlebnisse hat er bis heute nicht vergessen.

Aristide ging nach Europa. Nach Frankreich, nach Griechenland und letztendlich nach Deutschland. Seine erste Station hier war ein Auffanglager in Hamburg. Dann kam er nach Rostock.

»Rostock ist eine schöne Stadt. Ich habe hier keine Probleme. Mache gute Arbeit und kann meine Kunst in Ausstellungen zeigen«, sagt er.

Auf einer Vernissage lernte er Susanne Lilienthal kennen, auch eine Künstlerin. Eine Quereinsteigerin, wie sie sagt. Susanne ist selbstständig, gestaltet Keramiken und plastische Arbeiten.

»Susanne hat mir viel Kraft gegeben«, so Aristide.

Und Susanne antwortet: »Die künstlerische Arbeit ver-
bindet, das ist sehr wichtig für die Beziehung.«

Und da lächeln beide.

Rindfleisch in Palmnuss-Sauce

Zutaten

- 1 kg klein gewürfeltes Rindfleisch
- Chili nach Geschmack
- 1 gehackte Zwiebel
- 2 große gehackte Tomaten
- 400 g Räucherfisch
- 1 Brühwürfel
- 500 g Kokosnusscreme

Zubereitung

Rindfleisch waschen und in einen großen Topf legen.

Pfeffer, Zwiebeln, Tomaten und Wasser dazugeben und 30 bis 40 Minuten kochen.

Dann Fisch, Brühwürfel, Chili und Kokosnusscreme beigeben.

Gebratene Plantene – Kochbanane –

Zutaten

- 2 schön braune Kochbananen
- Öl
- Honig

Zubereitung

Eine Pfanne mit etwas Öl vorheizen. Plantene schälen und in Scheiben schneiden.

Die Scheiben in die Pfanne geben und goldgelb braten.

Aus der Pfanne nehmen und mit Honig bestreichen.

Afrikanischer Couscous-Salat

Zutaten

- 250 g Couscous
- 150 ml Wasser
- 5 Tomaten
- 1 kleine Salatgurke
- 1 halbes Bund Koriander
- 1 halbes Bund Petersilie
- 1 halbes Bund Minze
- 1 Zitrone
- 4 EL Öl
- 1 Zwiebel
- Salz
- Pfeffer

Zubereitung

Couscous in 150 ml Wasser mit 1 EL Öl quellen lassen.

Salatgurke, Tomaten und Zwiebel klein schneiden.

Kräuter hacken.

Alle Zutaten mit dem Couscous mischen.

Mit Öl, Zitrone, Salz und Pfeffer abschmecken.

*Cristian Garate
mit Sohn Maximilian*

CRISTIAN GARATE

CRISTIAN GARATE

Cristian Garate wurde 1963 in Santiago de Chile geboren. Sieben Jahre besuchte er dort eine katholische Schule. 1973 mussten seine Eltern mit ihm und seinen fünf Geschwistern aus politischen Gründen das Land verlassen. Sein Vater war Abgeordnetensekretär im Parlament.

Der Militärputsch 1973 zwang sie zur Flucht. Hausdurchsuchungen, Bombardements, Schießereien und Misshandlungen erlebte Cristian dort, in seiner Heimat. Die Familie floh nach Buenos Aires (Argentinien), wo sie sich vier Monate aufhielt, danach für einen Monat nach Amsterdam. Holland war jedoch nur eine Zwischenstation auf der Flucht in die ehemalige Deutsche Demokratische Republik. Dort lebten sie zunächst in Eisenhüttenstadt. Für politische Flüchtlinge stellte die damalige DDR Hotelzimmer zur Verfügung.

Hier lernte er die deutsche Sprache und die Lebensverhältnisse des neuen Landes kennen, musste sich mit dem ganz neuen Klima vertraut machen. Nach drei Monaten besuchte er eine Schule. »Es war nicht einfach, man hat sich eben als Ausländer gefühlt, wie ein Exot«, erinnert sich Cristian. Die Reise ging weiter nach Caputh bei Potsdam. Eine kleine Stadt, in der sich ein Zwischenaufnahmelager befand. Hier weilten die Flüchtlinge fünf Monate. In Potsdam/Babelsberg ging er dann wieder in die Schule, die Familie bekam dort eine Wohnung und die Eltern eine Arbeit. Nun begann das erste Mal wieder ein normales Leben.

In Babelsberg lebte Cristian bis 1979, dann zog die Familie auf Grund eines neuen Arbeitsplatzes der Eltern nach Brandenburg. Hier schloss Cristian seine Lehre zum Maschinen- und Anlagenmonteur ab und arbeitete zwei Jahre in diesem Beruf. Sein Vater verdiente sein Geld mit einer Dolmetschertätigkeit.

Cristian verließ dann sein Elternhaus, um eine Qualifizierung zum Druckmaschinenmonteur in Plauen aufzunehmen.

Wie kam er nun nach Rostock?

Natürlich durch die Liebe. Das war 1986. Er arbeitete in seinem erlernten Beruf des Maschinen- und Anlagenmonteurs im Dieselmotorenwerk Rostock. Bis 1989 war er dort tätig.

Als Fotograf bei der damals renommierten Bürgerzeitung »Der Bürgerrat«, später dann als Redaktionsassistent verbrachte er zwei Jahre, bis 1992 diese Zeitung nicht mehr herausgegeben wurde. Beim Jugendamt als Streetworker verbrachte er ein Jahr, bis auch hier, wie überall in dieser Zeit, Stellen abgebaut wurden.

Cristian liebt die Musik, das Musik »machen«. Bereits 1987 tourte er mit chilenischer Folklore und seiner Band »Runa Manta« über Volks- und Solidaritätsfeste und Universitätsveranstaltungen. Nach der Wende löste sich die Band auf. Heute spielt er engagiert und leidenschaftlich in der Gruppe »Los Talidos«, die in Rostock bekannt und beliebt ist.

Die Entwicklung seines chilenischen Geburtslandes verfolgt er heute nicht mehr so intensiv wie einst. Es war ihm natürlich eine große Freude und Erleichterung, als endlich die Demokratie in Chile siegte.

Cristian war zehn Jahre alt, als er seine Heimat verließ. Er kennt demzufolge Deutschland besser als Chile. Zwei Mal war er für vier Monate (1993 und 1997) in seinem Land, um seine alte Heimat »kennenzulernen« und vor allen Dingen, um Verwandte aufzusuchen und wiederzusehen.

Heimat? »Ich fühle mich als Halb-Chilene, pflege die chilenische Kultur. Meine politische Tätigkeit hatte immer etwas mit Chile zu tun. Aber rein gefühlsmäßig bin ich in Deutschland zu Hause«, sagt er abschließend und man sieht ihm an, dass er angekommen ist.

Ensalada chilena – *Chilenischer Salat* –

Zutaten

- 3 große Tomaten
- 1 mittelgroße Zwiebel
- 1 gelbe Chilischote
- frischer Koriander
- Öl
- Salz
- Essig

Zubereitung

Die Tomaten in Scheiben, die Zwiebel in dünne Scheiben schneiden, die Pfefferschote entkernen und fein hacken. Den Koriander grob schneiden. Alles vermischen. Öl, wenige Tropfen Essig und Salz hinzufügen. Sofort servieren.

Empanadas de horno – Gefüllte Teigtaschen –

Zutaten für 12-15 Personen

Füllung
- 1 EL Schweineschmalz
- 500 g Rinderhackfleisch
- 1 EL Paprikapulver
- 2 TL Kreuzkümmel
- 2 TL Chilipulver
- 200 ml Weißwein
- 2 kg Zwiebeln (fein gewürfelt)
- 1 EL Mehl
- 2 hart gekochte Eier
- Salz, schwarze Oliven

Teig
- 1,5 kg Mehl
- 250 g Schweineschmalz
- ½ l kochendes Wasser
- 1 Schuss Wodka
- Eiweiß, Öl, Paprikapulver

Zubereitung

Füllung:
Schmalz zerlassen, Hackfleisch, Paprika, Kümmel, Salz und Chili anbraten, Wein dazu gießen und bei kleiner Hitze 15 Minuten ziehen lassen. Die Zwiebel unterrühren, mit 200 ml Wasser auffüllen und bei kleiner Hitze garen, bis die Zwiebel weich ist. 1 EL Mehl mit etwas Wasser anrühren und unterziehen. Gut auskühlen lassen.

Teig:
Das Mehl in eine Schüssel geben, in der Mitte eine Vertiefung eindrücken.
Das sehr heiße Schmalz, das kochende Salzwasser und den Alkohol hineingeben. Alles von der Mitte aus zu einem geschmeidigen weichen Teig verkneten. In einer Plastiktüte aufbewahren, damit er nicht austrocknet. Jeweils eine Handvoll Teig abnehmen, dünn ausrollen, mit einem kleinen Teller markieren und ausradeln.
Einen gehäuften Esslöffel der Füllung, 1 Olive und 1 Scheibe Ei in die Mitte des Teigstücks geben, die Ränder mit Eiweiß (oder Wasser) bepinseln, halbmondförmig zusammenschlagen und fest schließen.
Die Empanadas mit einer Mischung aus 3 EL erwärmten Öl und Paprikapulver bestreichen und auf einem Backblech im vorgeheizten Ofen bei 180 Grad goldgelb backen. Heiß servieren.

Charquicán – *Eintopfgericht der Mapuche-Indianer* –

Zutaten für 12-15 Personen

- 400 g Rindfleisch (Kochfleisch)
- 1,5 l Wasser
- 100 g Charqui (getrocknetes Fleisch, ersatzweise Fleischkonzentrat)
- 1 große Zwiebel
- 12 kleine Kartoffeln
- 5 mittelgroße Möhren
- 300 g frischer Kürbis
- 2 Süßmaiskolben
- 2 große Handvoll grüne Bohnen
- 1 Knoblauchzehe
- 2 EL rote gemahlene Chilischote oder 1 TL getrocknete gemahlene Chili
- 1 TL Kreuzkümmelpulver
- 1 TL Oregano
- 1 TL Pfeffersauce (oder Tabasco)
- 2 EL Öl
- Salz, 4 Eier

Zubereitung

Das Fleisch in ca. 2 Zentimeter lange und 1 Zentimeter dicke Stücke schneiden und in dem Wasser weich kochen. Schaum abschöpfen. Kartoffeln, Möhren und Kürbis schälen und in gleich große, grobe Stücke schneiden. Diese in einem fest geschlossenen Topf (am Besten mit Dampfeinsatz) über 2 bis 3 Glas Wasser im Dampf garen. Nach etwa 10 Minuten die Maiskörner und grünen Bohnen zugeben. Das Gemüse soll bissfest bleiben.

Die gemahlene Chilischote mit der fein geschnittenen Zwiebel und dem Knoblauch in Öl glasig dünsten. Die Fleischstücke und den Charqui sowie die restlichen Gewürze zugeben. ¾ l des Fleischkochwassers hinzufügen und langsam kochen lassen, bis eine kleine Sauce entsteht. Weitere 10 Minuten ziehen lassen. Das gare Gemüse mit einem Schaumlöffel vorsichtig in einen sauberen Topf geben, die Fleischsauce darüber gießen und vorsichtig unterheben. Das Gemüse darf nicht breiig werden! 5 Minuten ziehen lassen und heiß servieren. Nach Geschmack mit einem Spiegelei darüber auf jedem Teller anrichten. Auch Essig-Perlzwiebeln passen gut zu diesem Gericht.

Gustavo Renfiges und Julia Grawert mit ihren Kindern Gustaf, Amelie, Marlene und Gunter

GUSTAVO RENFIGES

Gustavo wurde in 1963 in Buenos Aires geboren. Sein Bruder, ein Richter, lebt noch bei den Eltern in Argentinien.

Gustavo studierte 2 Jahre Sportpädagoge, dann in Madrid Philologie. Durch seinen Leistungssport als Volleyballspieler beim Club Athletico Madrid bereiste er Europa und Asien. Seine Mannschaft wurde sogar Europäischer Champion. 1982 wurde Argentinien mit seiner Ländermannschaft Dritter bei der Weltmeisterschaft.

1984 arbeitete er als Fotomodell, dies führte ihn u.a. nach Tokio und Paris. Auch als Schauspieler war er tätig. Neben diesen Jobs assistierte er 1988 einem Fotografen der National Geographic in Asien. Ab 1990 bis 1993 arbeitete er als Modedesigner in Madrid, danach führte er 7 Jahre das Direktorat verschiedener Diskotheken, ebenfalls in Madrid, z.B. der Diskothek »Paella Madrid« oder dem »Archy«, um nur zwei zu nennen.

Im Jahr 2002 eröffnete er eine Konstruktionsfirma. Die Kenntnisse für diese Tätigkeit nahm er aus Erfahrungen und durch die jahrelange Bekanntschaft mit einem Architekten. Jedoch brauchte er zwei bis drei Monate, um sich einzuarbeiten. »Das war nicht so leicht«, sagt Gustavo. Der Architekt verließ die Firma und Gustavo führte sie weiter. Dann führte er ein Restaurant in Marbella und betrieb eine Videothek.

2006 erwarb er eine große Finca, mit vielen Tieren.

Aber auch privat hatte sich inzwischen einiges verändert. Wie zum Beispiel im Jahre 2001, als er seine heutige Lebensgefährtin Julia kennen lernte. Das war in Andalusien. Julia ist in Rostock geboren, lernte 3 Jahre Restaurantfachfrau, hat in verschiedenen Restaurants in Rostock gearbeitet. Ihre letzte Tätigkeit hatte sie im »Casablanca« in Warnemünde. Das war 1996.

Eines Tages legte in Warnemünde ein Segelboot an und der Kapitän kehrte im »Casablanca« ein. Die beiden verliebten sich und Julia entschied sich für das Segelschiff und den Kapitän und war nun 6 Jahre auf See unterwegs. Ein Chartergeschäft betrieben die beiden, Julia fuhr als 2. Kapitän.

Und eines Tages charterte Gustavo ein Schiff, und lernte so Julia kennen.

Die beiden gingen essen, im schönsten Restaurant von Marbella. Es hat keine zwei Wochen gedauert, und die beiden zogen zusammen und lebten auf der großen Finca. Sie reisten viel, sahen sich viele Städte an.

Aber sie hatten mit den vielen Tieren und Pflanzen auf ihrer Finca auch viel Arbeit. Orangen verkauften sie an Restaurants. 29000 Quadratmeter waren zu bewirtschaften. Letztendlich vermittelten sie die Finca an einen Mieter. Nicht wegen des vielen Stresses, sondern weil ihr inzwischen geborenes Kind auf eine dort befindliche Pflanze mit einer Allergie reagierte. »Das war schade«, sagen beide.

Sie zogen ein Bergdorf höher, welches im Nationalpark »Sierra de les Nieres« liegt. 3000 Einwohner, im Winter immer Schnee, saubere Luft, 45 Grad im Sommer – eine herrliche Gegend, sagen sie.

In ihrem Haus richteten sie einen Videoverleih ein. Parallel dazu eröffneten sie im 30 km entfernten Dorf ein Restaurant.

2007 ging die Familie nach Argentinien, da Spanien sich in einer großen Wirtschaftskrise befand und das Verdienen des Lebensunterhaltes mehr als schwierig wurde. Natürlich gingen sie mit einem Plan: ein Landhotel in Argentinien. Sie wohnten anfangs bei Gustavos Eltern, fanden dann in Buenos Aires aber bald ein eigenes Zuhause. Aber auch in Argentinien wurde die Wirtschaft schlechter, eine Krise bahnte sich an, die Kriminalität stieg. Ihren Plan setzten sie deshalb nicht in die Tat um.

Beide fühlten sich nicht wohl. Als Gustavo von Geschäftsabwicklungen in Spanien nach Argentinien zurück kam, sagte er am Flughafen: »Vamonos de aqui«, was so viel bedeutet wie »Lass uns gehen...«. Julia war inzwischen wieder schwanger, ihr Baby sollte nicht in Argentinien zur Welt kommen, sie haben sich dort nicht mehr zuhause gefühlt.

Es gab zwei Optionen: nach Australien; Gustavo hatte dort einige Kontakte, oder nach Deutschland, Julias Herkunftsland. Sie entschieden sich für Deutschland. Die Kinder sollten hier lernen, Gustavos Großvater war Deutscher und Julias Familie lebte hier. Gustavo war zwei Mal in Deutschland in Urlaub gewesen, es gefiel ihm sehr gut. Die Sauberkeit und das System lobte er, und dass kleine Kinder hier eine ordentliche Erziehung und eine vernünftige Ausbildung bekommen können.

Und so kamen sie hierher, nach Rostock.

Gustavo war überrascht, wie die Ämter hier halfen. Dennoch brauchten sie einige Zeit, um hier Fuß zu fassen. Gustavo durfte anfangs nicht arbeiten, musste zuvor einen Deutschkurs besuchen. Dann hatte er ein Arbeitsangebot als Küchenchef in der »Havanna Bar«. Sie kauften sich einen kleinen Garten. Und plötzlich lebten sie das »typisch deutsche« Leben.

Doch Gustavo und Julia wären nicht die selben, wenn sie sich damit bis an ihr Lebensende zufrieden geben würden. Sie entdeckten ein Restaurant, ihr heutiges »Al-Andaluz«, und entwickelten eine Idee. »Dann haben wir es einfach gemacht«, sagen sie.

Und so wird es wohl weiter gehen in ihrem bisher so außergewöhnlichen und turbulenten Leben. Sie werden immer wieder Ideen haben. Und sie werden es »einfach machen«.

Paella

Zutaten

- 4 Hähnchenunterschenkel
- 200 g Kaninchen
- 6 Miesmuscheln
- 100 g Venusmuscheln
- 2 Tintenfische
- 100 g Sepien (Tintenfisch)
- 8 Langustinen oder Flusskrebse
- 2 Paprikaschoten (eine grüne, eine rote)
- 2 Zwiebeln
- 2 Knoblauchzehen
- 100 g Erbsen
- 1 kleine Dose Tomaten oder
  2 große frische Tomaten reiben
- 300 g Reis
- 1 Prise Safran
- 1 Zitrone geviertelt
- 200 g Garnelen

Zubereitung

Das Fleisch salzen und pfeffern. In der Paellapfanne goldbraun anbraten, dann herausnehmen. Tintenfisch und Sepien werden jetzt angebraten, dann herausgenommen. Die klein geschnittene Paprika und die Zwiebelstücke anbraten, nun das Fleisch dazugeben und alles unter ständigem Rühren 10 Minuten braten (vorzugsweise mit Olivenöl).

Tomaten und Knoblauch hinzufügen und unter ständigem Rühren schmoren lassen, bis die ganze Flüssigkeit verdampft ist.

Nun werden die Venusmuscheln, Garnelen, Tintenfisch und Sepien dazugegeben. Kochendes Wasser hinzufügen und salzen/pfeffern. Erbsen, Safran und Reis zugeben, dann gut durchrühren.

Wenn es wieder beginnt zu kochen, die Flamme kleiner stellen und langsam weiter köcheln lassen.

Bei Bedarf weiteres Wasser dazu gießen (gesamte Kochzeit ca. 20 Minuten). Wenn die Hälfte der Flüssigkeit verdampft ist, mit Miesmuscheln und Langustinen garnieren.

Nach dem Garnieren sollte die Paella nicht mehr gerührt werden. Mit Alufolie bedecken und mit der Restwärme bzw. auf kleinster Flamme fertig garen. Dann mit den Zitronenspalten garnieren und in der Pfanne servieren.

Gazpacho Andaluz

Zutaten

- 100 g Weißbrot vom Vortag
- 1,5 kg weiche, reife Tomaten
- 1 große grüne Paprika
- 2 frische Knoblauchzehen
- 1 halbe grüne Salatgurke
- 2 mittelgroße Zwiebeln
- 100 ml Olivenöl
- 40 ml Weißweinessig
- 350 ml Wasser
- 1 Kaffeelöffel Salz
- Schwarzer Pfeffer nach Geschmack
- 1 Prise Kreuzkümmel

Zubereitung

Das Weißbrot wird in Wasser eingeweicht.
Tomaten, Paprika, Knoblauch, Zwiebeln und die Gurke werden gewaschen und in kleine Stücke geschnitten, dann mit dem Pürierstab püriert.

Danach wird alles in eine Passiermühle (Flotte Lotte) gegeben und passiert.

Dann das aufgeweichte Brot, Salz, Essig und das Olivenöl dazugeben und alles gut vermischen. Nach und nach Wasser zugeben, bis die gewünschte Konsistenz (zwischen flüssig und cremig) erreicht ist.

Budin – *Argentinischer Brotpudding* –

Zutaten

- Altbackenes Weißbrot
  (halbes Baguette)
- 1 Liter Vollmilch
- 5 Eier
- Vanille (flüssig, einen Schuss)
- 6 EL Zucker
- 5 EL Zucker für Karamell

Nach Geschmack zum Garnieren
- Schlagsahne
- Vanilleeis
- Erdbeeren
- Karamellsoße

Zubereitung

Das Weißbrot in einen Mixer geben, die Milch dazu und das Brot eine Weile einweichen lassen. Den Rest der Zutaten dazugeben und gut durchmixen. Etwas ruhen lassen.

In eine runde Kuchenform Zucker geben, auf dem Herd erhitzen, bis der Zucker karamellisiert. Das Karamell gut an allen Wänden der Kuchenform verteilen.

Ofen vorheizen auf 180 Grad. Eine Ofenform (z.B. Bratenform), die größer als die Kuchenform ist, mit kochendem Wasser ¾ voll füllen.

Nochmals die Budinmasse mixen, dann in die karamellisierte Kuchenform geben und in die mit heißem Wasser gefüllte Ofenform stellen. Alles in den Ofen geben.

Nach ca. 50 Minuten einen Test mit einem Holzstäbchen machen, ob der Budin schon gar ist. Wenn nichts mehr am Holzstäbchen kleben bleibt, ist er fertig. Budin aus dem Ofen und dem Wasserbad nehmen.

Mit einem flachen Messer den Budin vorsichtig von den Wänden der Kuchenform trennen. Durch leichte Drehbewegungen der Form, die während der Abkühlungsphase öfter wiederholt werden, wird dafür gesorgt, dass der Budin nicht an der Kuchenform anklebt. Wenn der Budin abgekühlt ist, einen großen Teller nehmen und ihn dann stürzen.

Ein bis zwei Scheiben abschneiden, auf einen Teller legen und nach Geschmack garnieren, z.B. mit frischen Erdbeeren, einer Kugel Vanilleeis, Karamellsoße und Schlagsahne.

Lecker für Groß und klein.

Hikmat Al-Sabty mit seiner Lebensgefährtin Christa Petersmann

HIKMAT AL-SABTY

Hikmat wurde 1954 in Nassirjie im Südirak geboren. Dort besuchte er die Schule und schloss diese mit dem Abitur ab. Er erlebte eine relativ unbeschwerte Kindheit.

An der Universität von Sulaimanijie im Nordirak studierte er Landwirtschaft.

Mit seinem Bruder Riad reiste er eines Tages in den Urlaub. In die Türkei, nach Bulgarien, nach Ungarn. Andere Kulturen wollten sie erleben. Das war im September 1980. Zu dieser Zeit brach der Krieg gegen den Iran aus. Die Meldung darüber hörten sie in einem Restaurant in der Türkei.

Sie fuhren weiter nach Bulgarien, dann wollten sie nach Ungarn. Auf der Bahnfahrt dorthin wurde Riad bei der Kontrolle der Reisepässe zum Sicherheitsbüro des Zuges mitgenommen, Hikmat durfte ihn nicht begleiten. Hikmat kam in Ungarn an, und hat seinen Bruder seit jenem Tage nie wieder gesehen.

Eine Entscheidung musste getroffen werden: Wie sollte Hikmats Zukunft aussehen? Er entschloss sich für ein Leben im Ausland. Der Ausbruch des Krieges, den Saddam Hussein und Ajatollah Chomeini führten, verabscheut er zutiefst. Er konnte nicht nach Hause zurückkehren.

»...Aber wohin? Und was sollte ich da machen? Für wie lange würde ich von Zuhause wegbleiben. Ob man im europäischen Ausland meine irakischen Lieder würde hören wollen? Was wird aus meinen Träumen, einmal mit meiner Musik berühmt zu werden? Verstehen die Europäer meine Mentalität, meine Gefühle, meine Sprache...«

(Auszug aus »Leben zwischen Orient und Okzident – ein Iraker erzählt« von Hikmat Al-Sabty)

Seit 1980 lebt Hikmat in Deutschland. 1981 absolvierte er einen Sprachkurs und begann ein Studium an der Universität Göttingen.

Eines Tages im Jahr 1982, folgte er einer Einladung in die Ausländerbehörde der Stadt Göttingen, wo man ihm mitteilte, dass er Deutschland innerhalb einer Woche verlassen müsse: »Abschiebung«!

Fünf Monate lebte er in der Angst, die Vollzugsbeamten würden kommen, um ihn abzuholen. In seinem Sprachkurs lernte er eine Mitschülerin kennen, eine Spanierin. Die beiden wollten heiraten. Das Paar entschloss sich, Deutschland zu verlassen und nach Spanien zu gehen. Dort bezogen beide eine kleine Wohnung, und Hikmat begann, im Selbststudium die spanische Sprache zu lernen.

Nach einem Monat kehrte Hikmat nach Göttingen zurück. Nach Irrungen und Wirrungen mit der Ausländerbehörde ging er erneut nach Spanien. Heiratete. Zwei Jahre, bis 1984 lebte er dort. Die Ehe zerbrach.

1987 erwarb Hikmat erfolgreich sein Diplom, in Bonn promovierte er. In seiner Zeit in Göttingen lernte er Christa kennen. Und lieben.

Als Hikmat nach seiner Promotionsfeier beschloss, nach Osnabrück umzuziehen, ins Haus seiner Schwiegermutter, war Christa gerade dabei, die letzte Stufe ihres Referendariats zu absolvieren.

Von 1991 bis 1995 war Hikmat als Pharma-Außendienstmitarbeiter tätig, zog deshalb 1992 nach Mecklenburg-Vorpommern. Das war eine gute Fügung, denn inzwischen hatte Christa nach der Wende eine Arbeitsstelle in Güstrow gefunden.

Hikmat verließ die Firma, ging in den Erziehungsurlaub, denn inzwischen hatten die zwei ein Kind. Einen Sohn, Samy.

Christa bekam einen Job in Rostock, so zog die kleine Familie in die Hansestadt um, nach Lichtenhagen. Hikmat eröffnete ein Bistro-Café. Einen Treffpunkt für Menschen verschiedener Kulturen richtete er ein.

Die kleine Familie hatte inzwischen wieder Zuwachs. Für eine vierköpfige Familie jedoch warf das Bistro nicht genug Geld ab. Eine neue Arbeit musste her. Hikmat half ehrenamtlich irakischen Familien, die im Asylwohnheim für Flüchtlinge weilten, als Sprachmittler. Leider hatte er keinen Beglaubigungsstempel als Dolmetscher. Doch bewarb er sich bei Gerichten und bei der Polizei des Landes Mecklenburg-Vorpommern als Dolmetscher und Übersetzer. Er wurde später als staatlich geprüfter Übersetzer und Dolmetscher vereidigt und machte sich selbständig. Anfang 2000 zog die Familie nach Dalwitzhof um, wo sie heute mit ihren inzwischen erwachsenen Kindern glücklich und zufrieden lebt. Christa ist mit einer Rechtsanwaltskanzlei in die Selbständigkeit gegangen.

Hikmat engagiert sich als Musiker und arbeitet ehrenamtlich im Migrantenrat.

2007 gründete er das Ensemble »Ourud Elmahabbe«.

»Für mich bleiben meine Lieder ein sozial-politisches Instrument, mit dem ich eine breite Masse ansprechen kann. Meine Botschaft ist der interkulturelle Austausch und das Miteinander, mit dem ich Hörakzente zur Verständigung der verschiedenen Kulturen unseres Planeten setzen kann«, so Hikmat in seinem oben bereits erwähnten Buch.

Und politisch ist Hikmat aktiv. Als Abgeordneter des Landtags der Partei »Die Linke« versieht er seinen Dienst nun in Schwerin. Hat sich sein Leben dadurch sehr verändert? »Nicht viel, die Verantwortung ist groß geworden, die Aufgaben sind mehr und andere geworden. Und mein Selbstbewusstsein ist größer geworden« sagt Hikmat.

Hikmat ist ein einfühlsamer Mensch. Mit Witz und Humor und dem Herz am rechten Fleck, der Hoffnung gibt, dass wir etwas bewegen können.

Und Christa, seine starke, sehr herzliche Frau. Ein Paar, das man gerne kennt.

Humus Tahine

Zutaten

- 1 Dose Kichererbsenpüree (400 g)
- Saft einer halben Zitrone
- 2 Knoblauchzehen
- 3 EL Sesampaste
  (in Bio- oder Orientläden erhältlich)
- 2 EL Olivenöl
- Salz
- Pfeffer

Zubereitung

Das Kichererbsenpüree in eine Rührschüssel füllen.
Zwei Knoblauchzehen schälen, durch die Knoblauchpresse zu dem Kichererbsenpüree geben. Die Zitronenhälften auspressen, den Zitronensaft, das Olivenöl und die Sesampaste hinzufügen.

Zwischendurch abschmecken. Mit Salz und Pfeffer würzen.

Zum Servieren ein wenig Humus auf den Teller geben, in die Mitte ein Loch drücken und etwas Olivenöl hineingießen. Gegebenenfalls mit Petersilienblättern den Rand dekorieren.

Dazu Brot reichen, welches in das Olivenöl und in den Humus gedippt wird.

Bamia – *Arabischer Lamm-Schmortopf mit Okra-Schoten* –

Zutaten

- 800 g Lammfleisch
- 500 ml passierte Tomaten
- 5 bis 6 mittelgroße Knoblauchzehen,
- 1 Dose/Glas (800 ml) Okraschoten
- etwas Öl
- Curry
- Paprikapulver edelsüß
- Salz
- Pfeffer

Zubereitung

Das Öl in einem großen Topf erhitzen. Das klein geschnittene Fleisch (2 × 2 × 2 Zentimeter) dazugeben und kräftig anbraten.

Die Knoblauchzehen schälen, halbieren, dazu geben und kurz mit braten. Etwas Wasser angießen, bis das Fleisch leicht bedeckt ist. Den Topf schließen und bei niedriger Temperatur köcheln lassen, bis das Fleisch schön zart ist. Tomatenmark dazugeben, gut verrühren, die passierten Tomaten zufügen und mit Salz, Pfeffer, Paprika und Curry würzen.

Die Okraschoten einschließlich der Flüssigkeit (die etwas schleimig ist) und der darin befindlichen Tomate hinzufügen und unterrühren.

Wenn die Soße zu dick ist, etwas Wasser hinzufügen.

Mit den Okraschoten noch mal kurz aufkochen, aber nicht zu lange, weil die Schoten sonst zerfallen.
Dazu passt am besten Reis.

Arabischer Tee

Zutaten

- 1 Bund frische Minze
- 700 ml Wasser
- 2 EL fein gehackter eingelegter Ingwer
- 2 EL Ingwersirup
- 4 TL Assam Tee

Zubereitung

Die Minze abspülen, trocken tupfen und bis auf vier Stiele zum Garnieren in einem Topf mit Wasser erhitzen und leise köcheln lassen. Den Tee in eine vorgewärmte Kanne geben und mit dem Minzewasser aufgießen.

Ca. 5 Minuten ziehen lassen, dann durch ein feines Sieb abseihen.

In vier Teegläser jeweils 1 Teelöffel Ingwer und Ingwersirup geben. Den Minztee darüber gießen, umrühren, mit Minze garnieren und sofort servieren.

Israel Ramirez mit Lebensgefährtin Anke und ihren Söhnen Raul und Luis. Quelle: Israel Ramirez

ISRAEL RAMIREZ

ISRAEL RAMIREZ

Israel wurde 1975 in Mexiko geboren.

Dort absolvierte er ein Studium zum Industriechemiker. 2002 kam er nach Deutschland. Nach Rostock ist er eher zufällig gekommen.

»Deutschland zählt in Sachen Umwelt zur Spitze«, sagt er. In Toluca, einer Stadt in Mexiko, sind viele Unternehmen aus Deutschland angesiedelt, Israel kannte in Mexiko schon viele Deutsche, die dort Praktika absolviert haben.

Er kam nach Hamburg und lernte dort an der Volkshochschule die deutsche Sprache. Danach ging er nach Rostock, da Rostock die beste Universität hat, sagt er, und studierte dort weiter, denn das absolvierte Studium in Mexiko wurde hier nicht anerkannt. Er festigte seine Sprachkenntnisse insbesondere in den Fachgebieten Chemie und Umwelt, indem er einen deutschen Integrationskurs besuchte und sich im Sprachenzentrum als Zuhörer einschrieb.

Schließlich bekam er einen Praktikumsplatz bei einer Firma in Bargeshagen, 6 Jahre war er dort in der Abteilung Forschung/Entwicklung im Labor tätig.

In Rostock lernte er seine jetzige Lebensgefährtin kennen. Sie arbeitet als Bildredakteurin bei der »Ostsee-Zeitung«.

Heute arbeitet Israel als Account Manager in einer Stammzellenbank, die eine Studie zur Forschung mit Stammzellen erarbeitet. Er ist der Verbindungsmann nach Spanien, ein Zwischenhändler zwischen Kunden und Banken. Seine Aufgaben liegen im Management, der Logistik und Organisation der Versandpakete mit den Transplantaten, also in der Vermittlung zwischen Labor und Vertrieb im Ausland.

Regelmäßig besucht er seine Eltern in Mexiko. Leider ist dies im Durchschnitt nur alle 3 Jahre möglich, da jede Reise mit hohen Kosten verbunden ist.

Mit seiner Frau Anke hat Israel inzwischen zwei Söhne: Raul wurde 2007 geboren, Luis 2010.

Israel ist leidenschaftlicher Fußballer.
Nebenberuflich arbeitet er als Dolmetscher, hat vielen Menschen Spanischunterricht gegeben.

Wie sieht es aus mit seinem Heimatgefühl?
»Ich empfinde beides als Heimat. Mexiko und Deutschland auch.

Mexiko ist ganz anders, die Kultur und auch das Denken der Menschen dort«, sagt er.
Aber in Rostock ist er nun zu Hause.

Submarino

Zutaten

- 2 cl Tequila
- 1 Flasche Corona (mexikanisches Bier)
- Zitrone
- Salz

Zubereitung

Ein Mehrzweckglas wird am Rand mit Zitrone eingerieben und in Salz gestülpt, so dass es einen dekorativen Rand bekommt.

Nun füllt man ein Schnapsglas mit dem Tequila. Auf dieses Glas stülpt man mit der Öffnung nach unten das Mehrzweckglas und dreht alles gemeinsam um.

Am besten drückt man dabei mit dem Daumen gegen den Boden des Tequila-Glases, damit so wenig wie möglich bei diesem Vorgang ausläuft. Wenn dies gelungen ist, füllt man das Ganze mit dem Corona auf.

Während des Trinkvorganges läuft nun allmählich und stetig der Tequila in das Bier, was eine interessante Mischung ergibt.

Pollo al Durazno – Huhn mit Pfirsich –

Zutaten

- 8 Hühnerschnitzel
- 1 Knoblauchzehe
- 2 EL Hühnerbrühe
- 2 EL Olivenöl
- 1 ½ Tasse Wasser (200 ml)
- Salz
- Pfeffer
- 1 gehackte Zwiebel
- 2 EL Essig
- Dose Pfirsiche (400 g)

Zubereitung

Die Schnitzel mit Salz und Pfeffer würzen und in einer Pfanne gut durchbraten.

Zwiebeln, Mehl, Essig, die Brühe (in Wasser aufgelöst) und die Hälfte des Pfirsichsaftes vermengen und köcheln lassen, bis die Soße dick wird.

Nun die gebratenen Schnitzel in eine Auflaufform legen und mit der Soße übergießen, darauf die Pfirsiche legen und im Backofen bei 190 Grad ca. 15 Minuten backen.

Dazu passt Reis und Salat.

Guacamole

Zutaten

- 1 sehr reife Avocado
- 2 Knoblauchzehen
- etwas Zitronensaft
- 1 TL Olivenöl
- ½ Bund Koriander
- ½ Zwiebel
- Salz
- Pfeffer
- Tabasco
- ½ TL Senf
- 1 grüne Paprikaschote

Zubereitung

Avocado schälen, den Stein entfernen.
Avocadofleisch durch ein Haarsieb streichen. Den Knoblauch dazu pressen, mit Zitronensaft, Senf, Öl und den Gewürzen verrühren.

Koriander, Zwiebeln und Paprika hacken, beides unter das Avocado-püree mischen.

Mit Tabasco oder einer scharfen Chilischote abschmecken.

Dazu passt geröstetes Brot oder Nachos.

Walter und Janina Martinez Bencomo mit Sohn Gabriel

Janina und Walter Martinez Bencomo

Janina und Walter Martinez Bencomo

Walter Martinez wurde 1979 in Pinar del Rio, Kuba geboren. Ab der 5. Klasse besuchte er eine Musikschule. Mit 14 Jahren bestand er die Aufnahmeprüfung am Musikkonservatorium in Havanna, von dem er im Rahmen der Berufsausbildung ein Diplom als Schlagzeuglehrer bekam.

Nach einem Jahr in einem Militärorchester besuchte er 3 Jahre die Hochschule für Musik in seiner Heimat, diese Ausbildung unterbrach er jedoch, da er durch seine Mitgliedschaft in einer Band mit dieser die Möglichkeit hatte, Europa zu bereisen.

So kam er auch nach Rostock. Hier lernte er am Valentinstag 2002 bei einem Auftritt seine Nina kennen, eine Halbpolin.

Er musste jedoch zurück nach Kuba, da sein Vertrag mit der Band auslief. Bis 2004 arbeitete er als Schlagzeuglehrer. Seine Freundin Nina sah er in dieser Zeit nur zwei Mal, sie konnte ihn nicht öfter besuchen, da sie hier studierte und Geld und Zeit es nicht ermöglichten.

Walter war klar, dass sich ihm hier in Deutschland mehr Möglichkeiten boten. Nach viermonatiger Wartezeit bekam er sein Visum. Inzwischen waren die zwei verheiratet. Nina kümmerte sich intensiv um eine Arbeit für ihren Mann hier in Deutschland.

Er bekam einen Honorarvertrag als Schlagzeuglehrer an der »Rock&Pop Schule«. Dort arbeitet er bis heute. Mit 2 Schülern hat er begonnen, heute sind es 30 Interessierte, die von ihm lernen wollen.

»Hier«, so sagt er, »ist das Schlagzeug-Lernen sowohl ein beliebtes Hobby als auch eine ernsthafte Ausbildung. In Deutschland haben Kinder und Jugendliche die tolle Möglichkeit, Unterricht zu nehmen und z.B. zu Weihnachten ein Instrument zu bekommen.«

Auf die Heimat-Frage antworten beide, dass sie sich in Rostock zu Hause fühlen.

Aber auch ihr Gefühl für ihr Herkunftsland verlieren sie nicht.

Und glücklich sind sie, Walter und Nina mit ihrem kleinen Gabriel.

Polnische »Pierogi«

Zutaten

Für den Teig
- 2½ Tassen Mehl
- 1 Ei
- ½ Tasse heißes Wasser
- 2 EL Olivenöl
- 1 TL Salz

Für die Füllung
- 500 g gemischtes Hackfleisch
- 1 große und 2 kleine Zwiebeln
- 1 Knoblauchzehe
- Salz, Pfeffer
- getrockneter Majoran
- 1 Stück Speck

Zubereitung

Zunächst die Zwiebeln in kleine Würfel schneiden, einen kleinen Teil für später beiseite legen, den Rest mit etwas Öl in einer Pfanne anbraten, eine klein geschnittene Knoblauchzehe sowie das Hackfleisch dazugeben, braten und mit Salz, Pfeffer und Majoran abschmecken. Alles beiseite stellen.

Nun zum Teig. Alle Zutaten außer dem Wasser in eine Schüssel geben, in der Mitte des Mehls eine Mulde machen, das Wasser hinein gießen und zu einem geschmeidigen Teig kneten.

Den fertigen Teig dünn ausrollen und mit einem Glas (ca. 8 cm Durchmesser) Kreise ausstechen. In die Mitte jedes Teigkreises mit einem Löffel die Füllung platzieren, zu einem Halbmond umschlagen und den Rand mit den Fingern zusammendrücken.

Nun in einem großen Topf Wasser zum Kochen bringen, 1 bis 2 Teelöffel Salz hinzufügen und immer nur einige Pierogi hineingeben. Wenn die Pierogi oben schwimmen, lässt man sie noch zwei bis drei Minuten kochen, dann sind sie fertig und können mit der Schöpfkelle entnommen werden.

Nun noch Speck klein würfeln, mit der restlichen Zwiebel in der Pfanne zerlassen und zusammen mit den Pierogi servieren.

Schwarze Bohnen mit Sofrito – *(Schmorgericht)* –

Zutaten

- 2 Tassen schwarze Bohnen
- 1 Lorbeerblatt
- Kasseler Rippchen

für das Sofrito
- 1 große rote Paprika
- 6 Knoblauchzehen
- 1 TL Kreuzkümmel
- 1 Zwiebel
- Oregano
- Thymian
- Koriander
- 1 EL Weinessig
- 1 TL Zucker

Zubereitung

Die schwarzen Bohnen in einen Topf geben und mit Wasser bedecken, so dass mindestens 3 Zentimeter über den Bohnen das Wasser steht. Am besten über Nacht einweichen lassen. Dann die Bohnen zusammen mit dem Einweichwasser, dem Lorbeerblatt und dem Kasseler zum Kochen bringen und bissfest garen.[1]

In der Zwischenzeit kann das Sofrito vorbereitet werden. Dazu die Knoblauchzehen, den Kreuzkümmel und ½ TL Salz in einen Mörser geben und zerreiben. Die Paprika und die Zwiebeln in dünne, kurze Streifen schneiden. Etwas Öl in einer Pfanne erhitzen, die Zwiebeln anschwitzen, die Knoblauch-Kümmel-Mischung dazugeben und die Paprika mit dünsten.

Wenn es zu duften beginnt, zu den Bohnen geben und ohne Deckel garen lassen, bis die Kochflüssigkeit sämig wird. Das dauert ca. 10 bis 20 Minuten. Nun noch Oregano, Thymian und Koriander dazugeben und mit Zucker, Weinessig und Salz abschmecken. Dazu wird weißer Reis und Banane gereicht.

[1] Auf Kuba wird dieses Gericht auf jeden Fall im Schnellkochtopf zubereitet, der darf in keinem kubanischen Haushalt fehlen. Das wäre für die Zubereitung auch hier zu empfehlen. Man kann es auch in einem einfachen Topf kochen, es dauert nur eine ganze Weile länger.

Mojito

Zutaten

- 4,5 cl Havana Club
- 2 Barlöffel weißer Rohrzucker
- Saft einer halben Limette
- 9 cl Mineralwasser
- 2 frische Minzezweige
- 4 Eiswürfel

Zubereitung

Den Rohrzucker in ein Glas geben und mit Limettensaft übergießen, so dass der Zucker ganz bedeckt ist. Die Minzezweige hinzugeben und das Glas mit 9 cl Mineralwasser auffüllen. Die Minze mit dem Stößel leicht zerdrücken, 4,5 cl Havana Club und vier Eiswürfel dazugeben. Alles gut umrühren und genießen.

JURI UND SOJA BELTSCHIKOW

Soja und Juri Beltschikow mit Tochter Viktoria, Quelle: Juri Beltschikow

SOJA UND JURI
BELTSCHIKOW

Juri wurde 1938 in St. Petersburg geboren und lernte dort an der Hochschule für Elektromechanik, Fakultät Automatik. Später arbeitete er als Ingenieur-Elektromechaniker in einem Forschungsinstitut.

Die 90er Jahre waren sehr schwierige Jahre in der damaligen Sowjetunion, er wollte nach Deutschland. »Ich war fast 60 Jahre alt und in Russland galt der Ruhestand ab 60; mein Sohn und seine Familie entschieden sich dafür, nach Deutschland überzusiedeln, und wir alle folgten ihnen. 1998 kamen wir in Deutschland an und wurden untergebracht in einem Wohnheim für jüdische Emigranten in Rostock.«

Soja, geboren 1943, verließ 1995 Moldawien. Zusammen mit ihrer Tochter verbrachte sie die ersten 2 Wochen in einem Wohnheim in der Nähe von Gadebusch, kam dann in Rostock in einem Heim unter, bevor sie ihre eigene Wohnung bekam. »Mein Leben in Moldawien gab mir das Gefühl, dass wir fliehen müssen, alle Verwandten waren bereits fort«, sagt sie auf die Frage, was sie nach Deutschland trieb.

»Ein Freund von Juri machte uns miteinander bekannt«, sagt Soja. Anfangs waren sie nur Freunde, die sich gegenseitig halfen, bald jedoch wurden sie ein Paar, heirateten in Dänemark, da sie noch keine deutsche Staatsbürgerschaft besaßen. Hier in Deutschland beteiligen sie sich am jüdischen Leben, an den Traditionen und der Religion. Sie heirateten in der Rostocker Synagoge Rostock nach jüdischem Brauch mit einem Rabbiner; Tochter Viktoria engagierte sich bei den Kinderveranstaltungen in der Jüdischen Gemeinde und besuchte später in Israel ein Gymnasium.

Für beide spielt die jüdische Kultur eine große Rolle in ihrem Leben. Sie besuchen die Synagoge und nehmen an den Seminaren der Lauder Foundation in Berlin teil. Sie engagieren sich mit Herz und Verstand. Juris Familie in St. Petersburg feierte zu Hause fast alle jüdischen Feste. Seine Mutter organisierte alles, lud alle Verwandten ein. So feiern sie natürlich auch Hanukkah (Chanukka).

Juri erzählt, Hanukkah ist ein acht Tage dauerndes, jährlich gefeiertes Fest. Es soll an die Wiedereinweihung des zweiten jüdischen Tempels in Jerusalem erinnern 164 v.Chr. Die Legende sagt, die Chanukka war ein Leuchter im Tempel, der niemals erlöschen sollte. Es war jedoch nur noch ein kleines Gefäß mit Öl vorzufinden, das gerade mal für einen Tag reichte. So wurde jemand geschickt, neues Öl zu holen. Die Lampe wurde trotzdem angezündet. Acht Tage dauerte es, bis neues Öl da war. Die Lampe brannte immer noch. Deshalb hat der Hanukkah-Leuchter acht Lichter. Jeden Tag des Festes wird ein Licht mehr angezündet.

Zu Sojas und Juris Freundeskreis zählen viele Menschen unterschiedlicher Nationalität – Jüdische Menschen, aber auch Deutsche, Bulgaren und andere. Beide kochen gerne. Ein jüdisches Gericht? Ja. Koscher? Nicht immer.

Soja mag die Kreativität in der Küche, möchte nicht immer dasselbe kochen, möchte ihrer Phantasie freien Lauf lassen. Juri mag Borschtsch: »Ich liebe Borschtsch, den meine Soja aufträgt ... dafür würde ich jedes Essen stehen lassen...«

Und sie helfen beide gerne. So in der Jüdischen Gemeinde. Sie organisieren Veranstaltungen, so leitet Juri den »Klub der interessanten Treffen«. Dort interviewen sie verschiedene Menschen mit interessanten Geschichten. »Das Thema ist egal, der Mensch ist wichtig«, sagt er. Soja leitet in der Gemeinde den Frauenklub und versammelt die Frauen »auf eine Tasse Tee«.

Juri und Soja Beltschikow: Ein herzliches gastfreundliches Paar.

Kuchen »Israel«

– der Name kommt daher, dass das Rezept Freunde aus Israel mitbrachten –

Zutaten

- 2 Gläser Obst
- 1 Glas Zucker
- 3 EL süßer Wein
- 1 Glas Sonnenblumenöl
- 3 Eier
- 2 Gläser Mehl
- 1 Päckchen Backpulver
- Walnüsse oder Rosinen
- abgeriebene Zitronenschale
- Zimt oder anderes Aroma nach Geschmack

Zubereitung

Den Zucker mit den Eiern verrühren, die flüssigen Zutaten dazugeben, vermischen.

Danach alle trockenen Zutaten gut untermischen. Obst und Aromen dazugeben und im vorgeheizten Backofen bei 170 Grad backen, bis ein zum Gartest in den Kuchen eingeführtes Holzstäbchen ohne Teigreste bleibt.

Lieblingsvariante an Zutaten:
Saure Kirschen, gehackte Mandeln, Mandelaroma, manchmal auch Schokoflocken oder Schokotropfen dazugeben.

Gefillte Fisch *– Eine jüdische Spezialität –*

Zutaten

- 1 Karpfen
- 2 Scheiben Weißbrot
- 1-2 Eier
- 1-2 EL Öl
- 2 Zwiebeln
- 2 mittelgroße Petersilienwurzeln
- 1 mittelgroße Mohrrübe
- Salz
- Pfeffer

Zubereitung

Den Karpfen waschen und in Scheiben schneiden, den Kopf zurückbehalten. Mit Salz bestreuen und für eine Stunde in den Kühlschrank stellen. Die großen Gräten und die Haut vom Fleisch entfernen, die Haut aber aufheben.

Den Fisch mit den Eiern, dem Brot bzw. den Semmelbröseln und der fein gehackten Zwiebel zweimal durch den Fleischwolf drehen. Das rohe Ei, Öl, Salz, Pfeffer und Zucker nach Geschmack unterrühren und in den Kühlschrank stellen. Alle Zutaten für den Sud in einen Topf geben, aufkochen und auf kleiner Flamme 30 Minuten köcheln lassen. Den Fischkopf dazugeben und weitere 15 Minuten köcheln.

Aus der abgekühlten Fischmasse mit feuchten Händen kleine Kugeln formen, die übrig gebliebenen Fischhautstücke ebenfalls mit Fischmasse füllen und kleine Kugeln formen. Die Fischbällchen in die köchelnde Brühe geben. Deckel auf den Topf setzen, einen kleinen Spalt lassen und 1,5 Stunden köcheln. Nach Ende der Kochzeit auskühlen lassen und über Nacht in den Kühlschrank stellen.

Zum Servieren 2 bis 3 Fischbällchen mit einer Möhrenscheibe und etwas geliertem Fischsud auf einen Teller geben. Als Beilagen gehören Challa und Meerrettich zu diesem Gericht.

Der Fischkopf bleibt dem Familienoberhaupt vorbehalten.

Borschtsch

Zutaten

- 1 kg Rinderbrust
- 2 Lorbeerblätter
- 2 Knoblauchzehen
- 1 Zwiebel
- 1 rote Bete oder Saft
- 1 Stiel Lauch
- 1 rote Paprika
- 1 große Dose geschälte Tomaten
- 2 bis 3 Karotten
- 3 bis 4 Kartoffeln
- ½ Weißkohl
- ½ Tube Tomatenmark
- 2 Prisen Zucker
- Tabasco
- Pfeffer
- Salz
- 1 großer Bund Dill
- 1 Chilischote

Zubereitung

Die Rinderbrust in einem großen Topf mit Wasser, der Zwiebel, Lorbeerblatt, Knoblauch, Salz und Pfeffer zum Kochen bringen und solange kochen, bis es zu ¾ gar ist.

In der Zwischenzeit das Kraut in ganz feine dünne Streifen schneiden, die Kartoffeln und die Karotten schälen und klein würfeln. Den Lauch halbieren und in Streifen, Zwiebel und Paprika in kleine Würfel schneiden.

Wenn das Fleisch fertig ist, die Knoblauchzehen und die Lorbeerblätter herausnehmen und Tomatenmark, geschälte Tomaten und das restliche Gemüse dazugeben. Anschließend kommen die Gewürze und der Zucker dazu.

Abschmecken und den Dill obendrauf geben.

Nun den Borschtsch vor sich hin köcheln lassen, bis alles weich ist. Dann das Fleisch herausnehmen und in kleine Würfel schneiden. Das Fleisch zurück in den Topf geben, den Dill entfernen.

Angerichtet wird mit Schmand, klein geschnittenem frischen Dill und ein paar Spritzern Tabasco.

LUCIO ANCORA

LUCIO ANCORA

Lucio Ancora ist Italiener, geboren 1962 in Squinzano, Apulien. Er erlernte den Beruf des Elektromechanikers, merkte aber bald, dass er in dieser Branche nicht glücklich wird. Hat er doch den Beruf vor allem seinem Vater zuliebe gelernt.

Lucio ging in die Schweiz und ließ sich zum Koch ausbilden; das lag ihm schon eher – war ja ebenfalls ein Handwerk. Danach reiste er nach Hannover und besuchte dort seinen Cousin, der ein Restaurant betrieb. Hier arbeitete er als Koch. In Bremen lernte er seine Frau kennen. Aus dieser Beziehung stammen seine beiden Kinder.

Durch seine Reiselust blieb es nicht aus, dass er auch Mecklenburg-Vorpommern kennen lernte. Er besuchte die Städte Greifswald, Wismar, Schwerin und dann auch Rostock. »In die Stadt habe ich mich verliebt«, so Lucio. So siedelte er nach Rostock über.

Durch sein Interesse an der Gastronomie und durch gute Kontakte gründete er gemeinsam mit einem Geschäftsfreund die Italo Tip GmbH, zu dessen Restaurants Lokalitäten in Warnemünde gehörten. Viele gastronomische Einrichtungen wurden zur damaligen Zeit der Konkursverwaltung privatisiert. Lucio ging 1994 in die Selbständigkeit mit einem Eiscafé am Alten Strom. Der Eigentümer des Objektes jedoch musste 1999 ebenfalls Konkurs anmelden und Lucio brauchte neue Ideen und Pläne.

Schon im Mai 2000 eröffnete er das Restaurant »La Dolce Vita« in der Kröpeliner Straße. »Ein sehr erfolgreiches Restaurant, weil der Idee ein sehr gutes Konzept zugrunde lag«, erinnert sich Lucio. So erfolgreich, dass er ein zweites Restaurant eröffnete. In Rumänien. Und auch hier hatte er großen Erfolg. Bald folgte eine Cocktailbar in Rumänien. Das »Salsalitos«. Das gab es mit gleichem Namen bereits in Warnemünde, und er erhielt die Erlaubnis des Eigentümers, Namen und Einrichtungsmerkmale in Rumänien zu verwenden.

Ein Italiener, immer in Bewegung, immer mit neuen Ideen im Gepäck. So kam es, dass es ihn in wärmere Gefilde zog. Er dachte über Gastronomie in südlichen Ländern nach. All seinen vielen Mitarbeitern wollte er auch eine Chance geben, sich mehr und über die Grenzen hinaus zu engagieren.

So entschied er dann nach zwei Jahren, sich als Geschäftsmann in Asien/Thailand niederzulassen. Nicht als Urlauber wollte er dieses Land besuchen, sondern um zu arbeiten. Und das tat er. Parallel zu seiner Verantwortung in Deutschland und Rumänien. 2007 eröffnete er an einem bekannten Strand, der Chaweng-Beach in Thailand, die »San Remo Lounge«, ein italienisches Speiserestaurant.

Und natürlich wieder mit Erfolg. Und wieder durch ein gutes Konzept. Er beschäftigte in diesem Restaurant ausschließlich Thailänder. »Ich bin voller Lob für diese Menschen. Ihr Engagement, ihr Fleiß und ihre Selbständigkeit sind unglaublich«, so Lucio. Schon nach 1½ Jahren folgte das zweite Restaurant, die »San Remo Lounge II«. Bis 2011 lebte der sympathische Italiener in Thailand, fühlte sich dort sehr wohl. »Hier hatte ich die Möglichkeit, mehr zu leben, mehr Freizeit, konnte mehr atmen...«, sagt er. Sein »La Dolce Vita«, ehemals in der Kröpeliner Straße, befindet sich nun »Am Strande«. Lucio hat seinen Wohnsitz wieder ganz nach Rostock verlegt, lebt und arbeitet hier sehr gern. Er liebt das Meer und nicht die Berge. Von 100mal Urlaub verbringt er 95 am Strand und 5 in den Bergen. Und die Kälte hier in Deutschland, hier in Rostock? Macht ihm nicht viel aus, er arbeite ja schließlich nicht draußen. Lucio liebt seine Arbeit, hat mit vielen Menschen Kontakt, was ihm sehr wichtig ist. Und an den Hafenterrassen, an denen er mit viel Leidenschaft sein »La Dolce Vita« führt, fühlt er das südliche Flair.

»Ich bin so viel umhergereist in meinem Leben. Nun bin ich fast 50 Jahre alt und möchte meine Kinder und Enkelkinder um mich haben. Hier in Rostock fühle ich mich wohl«, verabschiedet er sich von uns.

Gegrillte Auberginen

Zutaten

- 500 g Auberginen (mit oder ohne Schale)
- Rapsöl zum Frittieren
- 100 ml roten Weinessig
- 50 ml Olivenöl
- Einige Blätter frische Minze
- 1 Knoblauchzehe

Zubereitung

Die Auberginen der Länge nach in ½ Zentimeter dicke Scheiben schneiden und salzen, damit die Früchte entwässert werden. Nun die Scheiben übereinander legen und einen schweren Gegenstand darauflegen, damit der Entwässerungsprozess beschleunigt wird. Das macht man am besten am Vorabend der Zubereitung.

Nun werden die Auberginen in 180 Grad heißem Öl frittiert.

Etwas Knoblauch darauf geben und mit Essig und Öl beträufeln.

Spaghetti alle Cozze

Zutaten

- 120 g Spaghetti pro Person
- Salz und Pfeffer
- 500 g Venusmuscheln
  (frische, roh und lebendig)
- 50 ml Olivenöl
- Frische glatte Petersilie
- 200 g Cherrytomaten
- Peperoni
- 1 Knoblauchzehe
- etwas Weißwein

Zubereitung

In einer Pfanne im heißen Öl den Knoblauch anbraten und die Muscheln dazugeben. Die Cherrytomaten dazugeben und mit einem Schuss Weißwein ablöschen, Salz und Pfeffer dazu geben und abschmecken. Je nach gewünschter Schärfe Peperoni hinzufügen. Nun werden die gekochten und abgegossenen Spaghetti dazugegeben und eine Kelle vom Kochwasser zur Bindung der Sauce.

Wenn das Wasser verkocht ist, wird ein Spritzer Olivenöl über das Gericht gegeben und mit frischer Petersilie garniert serviert.

Tiramisu

Zutaten

- 250 g Mascarpone
- 200 ml Schlagsahne
- 4 Eier
- 4 EL Zucker
- Kakaopulver zum Bestreuen
- 1 Packung Löffelbiskuits
- 200 ml starker Kaffee
  noch besser wäre Espresso
- 4 cl Kaffeelikör oder Amaretto

Zubereitung

Mascarpone, Sahne, Eigelb und Zucker mit dem Rührgerät vermengen, bis die Masse fest ist. Das Eiweiß kaltstellen und dann zu Eischnee schlagen, eventuell einen Löffel Zucker dazugeben. Den Eischnee unter die gerührte Mascarponemasse heben und mit Kaffee- oder Amarettolikör vermengen.

Nun die vorher in Kaffee oder Espresso getauchten Löffelbiskuits in eine Form schichten. Man beginnt und endet mit der Crememasse.

Dies alles wird einige Stunden in den Kühlschrank gestellt und vor dem Servieren mit Kakaopulver bestreut.

Marouf Ali Yarou Issah mit Lebensgefährtin Diagne Aissatou und ihrem gemeinsamen Sohn Lamine Aissatou

Marouf Ali Yarou Issah

Marouf Ali Yarou Issah

Marouf Ali Yarou Issah wurde 1972 als Sohn eines Königs in Benin, Westafrika geboren. 1999 kam er nach Deutschland.

Sein Vater war, außer König zu sein, ein anerkannter Oberarzt in Benin. Er lehrte ihn und seine 17 Brüder und 6 Schwestern viele Weisheiten und Marouf erlebte eine glückliche, behütete Kindheit. Die Kinder wurden erwachsen, der Vater starb.

Marouf beschloss, wie seine Geschwister, die alle in der Welt verstreut leben, sich ebenfalls auf den Weg in die Welt zu machen und so auch Deutschland zu besuchen. »Wir Afrikaner tragen die Schuhe an den Füßen«, erklärt er seinen Aufbruch.

Es kam, dass die Liebe aus seiner Reise nach Deutschland einen Besuch machte, der bis heute andauert. Vater ist er geworden, ein guter Vater wollte er sein, so wie sein Vater es ihm vorlebte. Für sein Kind zu sorgen war seine erste Pflicht. Durch das Gesetz der Familienzusammenführung lebt er nun bis heute in Deutschland, seit 2000 in Rostock.

Für seinen Lebensunterhalt sorgte er immer selbst, er wollte kein staatliche Hilfe. Viele kleine Jobs nahm er an, um seine kleine Familie zu ernähren. Es war ein schwere Zeit am Anfang, sagt er.

Das junge Paar trennte sich. Marouf arbeitete weiter für sein Kind. Endlich, 2004, bekam er seine erste Anstellung. Aufopferungsvoll pflegt er seitdem einen schwerstbehinderten Mann.

Dann lernte Maoruf Diagne kennen, eine Frau aus dem Senegal, die über Barcelona nach Deutschland kam. 2010 wurde der gemeinsane Sohn Lamine geboren. Diagne wird einen Deutschkurs absolvieren, »bis dahin bringe ich

ihr das ›Rostocker sein‹ bei«, schmunzelt er. Und »wir werden kämpfen müssen, um unsere Familie zu ernähren,
und um einen Arbeitsplatz für meine Frau zu bekommen«,
sagt er. »Aber wenn man dran bleibt, findet man Stabili-
tät und Lösungen«.
Marouf – ein Mann der Tat.

Brücken will er bauen zwischen Afrika und Deutschland,
zwischen Rostock und Benin. Pläne und Ideen habe er
genug. Voneinander lernen, miteinander reden, gegenseitig helfen, das sind die Aufgaben, die es für ihn zu er-
füllen gilt. Und als Vorsitzender des DARAJA e.V. –
Deutsch-Afrikanischer Freundeskreis hat er die besten Vo-
raussetzungen, seine Pläne umzusetzen.

Gemütlich ist es hier, im kleinen Wohnzimmer in der viel
zu kleinen Wohnung der Familie. Freundlichkeit und
Gastfreundschaft wird hier als Selbstverständlichkeit gelebt.

»Auch wenn afrikanisch leben LEBEN heißt und deutsch
ÜBERLEBEN«, antwortet Marouf auf die Frage nach einer
Einschätzung der Unterschiede beider Länder – »Ich bin
glücklich hier, ich bin ein Rostocker«, lächelt er und setzt
sich zufrieden und wohlig mit seiner Familie für das Foto
in Position.

Yassa – *Hähnchen in Zwiebel-Senf-Limettensauce* –

Zutaten

- 400 g Basmatireis
- 2 große Hühnerbrüstchen oder 4 Hähnchenschenkel oder ein ganzes Hähnchen entsprechend zerteilt
- 6 kleine Kartoffeln (geschält und halbiert)
- 3 große Gemüsezwiebeln
- 2-3 Limetten
- 1 kleines Glas grüne Oliven
- Instant-Gemüsebrühe
- 4-6 EL Senf
- 4 EL Olivenöl
- Salz und Pfeffer

für die Würzpaste
- 2 TL Sambal Olek
- 1 Knoblauchzehe
- 1 TL Instant Gemüsebrühe
- 1 Päckchen Tiefkühl-Petersilie oder entsprechend frische

Zubereitung

Wasser zum Kochen bringen und Kartoffeln dazugeben. Wenn die Kartoffeln gar sind, beiseite stellen und den Basmatireis in das sprudelnde kochende Wasser geben. Diesen 10 Minuten ohne Deckel kochen. Dann durch ein Sieb abgießen und den Reis zurück in den Topf geben und nochmals 10 Minuten bei ganz kleiner Hitze und geschlossenem Deckel abdampfen lassen.

Für die Würzpaste den Knoblauch zerkleinern und mit den anderen Zutaten zu einer Paste verrühren.

Die Hähnchenteile im 90 Grad-Winkel tief einschneiden (aber nicht ganz durch!) und in die Schlitze die Würzpaste füllen. Hähnchen mit Salz und Pfeffer würzen und in der Pfanne mit ein wenig Öl braten. Für die Sauce die Zwiebeln schälen, halbieren und in ca. 2mm breite Scheiben schneiden. In einem Topf etwas Olivenöl erhitzen und die Zwiebeln hineingeben. Mit Salz, Pfeffer und Instantbrühe würzen und dünsten, bis sie weich sind, aber noch ein wenig Biss haben. Senf und Wasser hinzugeben, Limetten auspressen und Saft hinzugeben. Abschmecken. Oliven aus dem Glas nehmen und abtropfen lassen und zusammen mit den Kartoffeln zuletzt noch in der Sauce warm werden lassen.

Rindfleisch in Erdnuss-Sauce

Zutaten

- 800 g Rindfleisch (in Würfel geschnitten)
- 2 Zwiebeln (geschält und geviertelt)
- 1 Karotte (geschält und grob zerkleinert)
- 1 Stück Maniok
  (ca. 15 Zentimeter Länge, geschält und
  grob zerkleinert)
- 2 Knoblauchzehen
- 3 Bataten (geschält und in Würfel geschnitten)
- 3 Kartoffeln (geschält und in Würfel geschnitten)
- 200 g Erdnussbutter
- 1 Lorbeerblatt
- 5 EL Erdnussöl, 1½ l Brühe
- 100 g Tomatenmark
- Salz und Pfeffer
- 1 Chilischote

Zubereitung

Das Erdnussöl stark erhitzen (in einem Dampfdruckkochtopf) und das Fleisch portionsweise darin anbraten, die angebratenen Portionen nach und nach in eine Schüssel geben und zur Seite stellen.

Nun das ganze angebratene Fleisch in den Topf zurückgeben, dazu Zwiebeln, Knoblauch und Karotte und alles mit Pfeffer, der zerstoßenen Chilischote und Lorbeerblatt würzen. Mit einem halben Liter Brühe aufgießen und das ganze zugedeckt 15 Minuten garen.

Nun den Dampf entweichen lassen, den Topf öffnen und das restliche Gemüse dazugeben sowie die Erdnussbutter und das Tomatenmark, welches vorher mit einem halben Liter Brühe verrührt wurde.

Noch einmal alles zusammen 15 Minuten garen.

Fufu – *Knollenbrei aus Bataten oder Maniok oder Yams* –

Da Maniok, Süßkartoffeln oder Yams in Europa nicht überall erhältlich sind, erfanden findige Westafrikaner ein Ersatzrezept:

Zutaten

- 2 ½ Tassen Buchweizengrieß
- 2 ½ Tassen Kartoffelpüreepulver
- 6 Tassen kochendes Wasser

Zubereitung

4 Tassen Wasser in einen Topf geben, Buchweizengrieß und Kartoffelpüreepulver dazugeben. Zwischendurch ständig, am besten mit einem Holzlöffel, umrühren, dann das restliche Wasser hinzugeben bis ein klumpiger Kloß entsteht.

Navneet Mahajan mit Ehefrau Minakshi

NAVNEET MAHAJAN

Navneet wurde 1973 in Indien in Jalandar City, etwa 420 km von New Delhi entfernt, geboren. Er wuchs mit 4 Geschwistern auf. Er besuchte dort die Schule und die Universität und wurde Steuerberater, ein sehr wichtiger Beruf in Indien.

1995 kam er nach Deutschland, Freunde lebten bereits hier. Berlin war seine erste Stadt in diesem neuen Land, durch einen Bekannten, der in Rostock lebte, entschied er sich dann für die Hansestadt.

»Der Anfang war sehr schwer«, so Navneet. Er erlernte den Beruf des Kochs und arbeitete von 1996 bis 2001 in der Gaststätte »Gute Laune«.

2001 ging er in die Selbständigkeit, als Einzelhändler in einem Großhandel verkaufte er auf Märkten Textilien. Das gefiel ihm schon deshalb sehr gut, weil er täglich an der frischen Luft war.

Sein Interesse und seine Leidenschaft für die Gastronomie jedoch ließen ihn nicht los, so eröffnete er 2008 das Restaurant »Bombay Haus«, was er bis heute betreibt.

Seine Frau Minakshi hilft im Restaurant. Er lernte sie noch in seiner Zeit in Indien kennen, heiratete sie bereits 2001. Jedes Jahr besuchte er sie dort, bis sie 2002 ebenfalls nach Deutschland übersiedelte.

Navneet sagt, in Rostock leben sehr nette Menschen. Beschwerlich machen ihm das Leben hier jedoch die Behörden, wie überall in Deutschland. Die Bürokratie.

Aber er ist gerne hier. Führt mit Leidenschaft sein Restaurant und das fühlen auch die Menschen, die bei ihm einkehren.

Naan

Zutaten

(für den Grundteig)

- etwa 620 g kräftiges Mehl (Type 550)
- 1 ½ Teelöffel Backpulver
- 1 Teelöffel Natron
- ½ Teelöffel Salz
- 1 ½ Teelöffel Zucker
- 2 EL Joghurt
- 250 ml Milch
- 1 Ei
- 1 Esslöffel Butter
- 225 g zerlassene Butter oder Öl
- 250 ml Wasser
- 2 EL Öl
- etwa ½ Teelöffel Schwarzkümmel
- etwa 2 Teelöffel Sesamsamen

Zubereitung

Für den Grundteig das Mehl mit dem Backpulver, Natron und Salz in eine Schüssel geben. Zucker und Joghurt mit dem Handrührgerät oder einem Holzlöffel verrühren. Zuerst die Milch und 250 ml Wasser, dann nach und nach etwa 250 g von der Mehlmischung mit dem Schneebesen kräftig und so lange unterschlagen bis ein flüssiger Teig entstanden ist. Das Ei und ein Esslöffel Butter hinzufügen und weiterschlagen. Nach und nach weitere 250 g der Mehlmischung unterschlagen, bis der Teig sehr elastisch ist. Mit dem Holzlöffel weiterschlagen und so viel von der restlichen Mehlmischung einarbeiten, dass ein weicher, klebriger Teig entsteht. Den Teig nun 30 Minuten ruhen lassen.

Eine sehr große, ofenfeste Pfanne aus Gusseisen bei mittlerer bis hoher Temperatur heiß werden lassen. Eine flach gedrückte Teigportion mit der Unterseite in Mehl drücken. Beide Hände in zerlassene Butter oder Öl tauchen und den Teig mit den Handflächen zu einem Fladenbrot in der traditionellen Tränenform flach drücken (an der längsten Stelle 23 Zentimeter, an der breitesten Stelle 13 Zentimeter). Die Oberseite mit noch mehr zerlassener Butter betupfen. Mit einer kräftigen Prise Schwarzkümmel und ¼ Teelöffel Sesam bestreuen. Das Fladenbrot mit beiden Händen anheben und etwas auseinanderziehen. Es sollte nun etwa 30 Zentimeter lang und 18 Zentimeter breit sein. Mit Schwung so in die heiße Pfanne geben, dass die Seite mit den Samen oben ist. 1 Minute und 15 Sekunden backen, das Brot nach 30 Sekunden in der Pfanne drehen, damit es gleichmäßig bräunt.

Möhren-Raita

Zutaten

- etwa 6 EL Olivenöl
- 1 TL braune Senfsamen
  (ersatzweise gelbe Senfsamen)
- 1 Prise Asant (Teufelsdreck)
- 4 mittelgroße Möhren (ca. 225 g)
  geschält und grob geraspelt
- ½ TL Salz
- 475 ml Naturjoghurt
  (aus Vollmilch, fettarmer oder entrahmter Milch)
- frisch gemahlener schwarzer Pfeffer
- 1-2 Messerspitzen Cayennepfeffer

Zubereitung

Das Öl in einer mittelgroßen Pfanne bei mittlerer bis hoher Temperatur erhitzen. Die Senfsamen darin in wenigen Sekunden aufplatzen lassen. Sofort Asant, dann die Möhren hinzufügen, 15 Sekunden rühren. Den Herd ausschalten. ¼ TL Salz untermischen. Abkühlen lassen.

Inzwischen den Joghurt in einer Schüssel mit einer Gabel leicht verschlagen, bis er glatt und cremig ist. Das übrige Salz, etwas Pfeffer und Cayennepfeffer unterrühren. Die abgekühlten Möhren untermischen. Bei Raumtemperatur oder gekühlt servieren.

Chicken Tikka Masala

Zutaten

- 400 g Hähnchenbrust
- 1 Dose Kokosmilch
- 1 Dose gehackte Tomaten
- 2 Knoblauchzehen
- 2 Schalotten
- ½ Paprikaschote
- 250 g Cocktailtomaten
- 2 TL Ingwerwurzel
- 2 TL Currypulver
- ½ TL Paprikapulver
- 1 TL Korianderpulver
- 1 TL Zimt
- 1 TL Vanillearoma
- 1 TL Kreuzkümmel
- 1 Prise Cayennepfeffer
- 1 TL Kardamom

Zubereitung

In einem ausreichend großen, verschließbaren Behälter die Tomaten und die Kokosmilch gut mit Knoblauch, Ingwer, Koriander, Kardamom, Zimt, Vanille, Kreuzkümmel, Paprikapulver, Cayennepfeffer, Currypulver verrühren. Das Fleisch in mundgerechte Stücke schneiden und so in die Marinade legen, dass es vollständig bedeckt ist. Mindestens 4 Stunden, besser aber 24 Stunden abgedeckt in den Kühlschrank stellen.

Schalotten in Scheiben oder Würfel schneiden, Paprika in Stücke schneiden, Cocktailtomaten halbieren.

Öl in einer Pfanne erhitzen und die Zwiebeln und den Paprika mit einer Prise Salz hineingeben und braun anbraten. Das gibt dem Gericht einen schönen, kräftigen Geschmack. Die Tomaten hinzugeben und einen Moment lang braten. Das Fleisch mit der Marinade hinzugeben und ca. 20 Minuten köcheln lassen, bis das Fleisch gar ist und die Sauce sämig.

Dazu passt Basmatireis oder Naan-Brot.

Yanti und Stefan Köhler mit ihrem Sohn Tobias-Arjuna

Nurcahya Mardiyanti Köhler (Yanti)

Nurcahya Mardiyanti Köhler (Yanti)

Yanti ist Indonesierin, wurde jedoch 1971 in Bremen geboren, da ihr Vater in Deutschland gearbeitet hat.

Nach sechs Jahren ging die Familie nach Indonesien zurück. Dort erwarb Nurcahya den Bachelor als Agraringenieurin.

Von 1999 bis 2003 absolvierte sie ihren Master wiederum an der Universität Hohenheim Stuttgart, dort lernte sie auch ihren Mann Stefan kennen. Mit ihm ging sie für fünf Jahre nach Indonesien, weil er dort an einem Projekt der Universität Göttingen mit einer indonesischen Partneruniversität arbeitete.
2005 kam ihr gemeinsamer Sohn Tobias Arjuna zur Welt.

Schließlich nahm ihr Mann Stefan ein Stellenangebot in Rostock an und Yanti begann ein Praktikum bei dem Rostocker Verein migra e.V., bei dem sie jetzt als Referentin der Integrationskurse tätig ist.

Yanti sagt, es hat sie immer wieder nach Deutschland gezogen, auch wenn ihre Erinnerungen, als die Familie Deutschland verließ – sie war damals 5 Jahre alt, mehr von Fotos und ihrer Phantasie her rührten. Als sie im Rahmen eines Sprachkurses zwischenzeitlich Berlin besuchte, kamen ihr die Gerüche des Weihnachtsmarktes so bekannt vor.

Da sie sowohl Teil der deutschen als auch der indonesischen Gesellschaft war, fallen ihr erkennbare Unterschiede auf: »In Indonesien«, so Yanti, »lebt es sich schlicht gelassener. Andererseits schätze ich an den Deutschen die Sachlichkeit«. Weiterhin räumt sie ein, dass es in Deutschland leichter falle, Schwächen und Unkenntnis zuzugeben.

Bei der Familie Köhler spielt Kochen eine große Rolle. Vor allem warmes Essen. Selten gibt es bei der Familie zum Abendessen Brot. Als Familienrezept nennt sie traditionell indonesische Kost. Ihr Sohn etwa isst am liebsten Nasi Goreng, was sie persönlich aber eher langweilig findet. Für ihren deutschen Mann kocht sie stattdessen gerne Curry mit Huhn und Kokosmilch.

Auf die Frage nach ihrem Lieblingsessen staunten wir nicht schlecht: Schlachteplatte! Ein Essen aus Süddeutschland mit warmer Leberwurst.

Die Familie fühlt sich sehr wohl in Deutschland, in Rostock. Und gerne besuchen sie natürlich auch Indonesien.

»Mir ist nicht so wichtig, wo ich lebe, sondern mit wem«, sagt Yanti.

Für ihren Mann und für uns ein schöner Schlusssatz, nach einem schönen Nachmittag bei diesen freundlichen, herzlichen Menschen.

Nasi Goreng à la Köhler

Zutaten

- 3 Teller Reis (Am besten vom Vortag.
  Wenn vom selben Tag, dann aber abkühlen lassen)
- 5 bis 6 Eier
- 1 Schüssel Hühnerfleisch (am besten vom gegrillten
  halben Hähnchen, klein zupfen/schneiden)
- ½ Chinakohl (dünn geschnitten)
- 2 EL Öl,
- 2 Knoblauchzehen (dünn geschnitten)
- 4 EL Fischsauce
- 1 TL Galgantpulver,
- 3 bis 4 EL Ketjap Manis (süße Sojasauce)

Zubereitung

Die Eier zubereiten wie Rührei und zur Seite stellen. Die Knoblauchzehen sehr heiß anbraten, Hühnerfleisch, Chinakohl und Reis dazugeben und die Temperatur verringern. Nun Fischsauce, Galgantpulver und süße Sojasauce dazu tun. Die Temperatur wieder erhöhen und alles gut vermischen. Mit Salz und Pfeffer abschmecken.

Nasi Goreng wird mit gebratenen Zwiebeln, Krabbenchips und Sambal (Chilipaste) serviert.

Gulai Cumi Padang
– Tintenfisch in Kokosmilch-Sauce ala Padang, West Sumatra –

Zutaten

- 1 kg Tintenfisch (nicht so groß wie Calamari, in Rostock kann man ihn in Asialäden kaufen)
- 2 Dosen Kokosmilch (oder Kokosblock Marke Renuka, Asialäden)

Gemahlene Gewürze
- 150 g große rote Chilischoten
- 2 rote Zwiebeln
- 3 Knoblauchzehen
- 2 cm Ingwer
- 1 TL Kurkuma
- 4 Kemirinüsse (auf deutsch heißen sie Kerzennüsse)
- 2 Zitronengräser
- 4 Zitronenblätter
- Saft von einer Limette
- Salz

Zubereitung

Tintenfisch von Tinte, Haut und Mageninhalt befreien.
Den Körper mit dem Kopf füllen und mit einem Zahnstocher verschließen.

Die Gewürze kurz anbraten und die Kokosmilch dazu geben.
Tintenfisch, Zitronengräser, Zitronenblätter und Limettensaft dazutun.
Alles 20 Minuten kochen lassen, gelegentlich umrühren, je nach Geschmack mit Salz würzen.

Mit Reis servieren.

Bubur Ketan Hitam
– Schwarzer Klebreis-Pudding –

Zutaten

Für den Pudding
- 250 g Schwarzer Klebreis
- 1 l Wasser
- ½ TL Salz
- 150 g Palmzucker
- Zucker nach Geschmack

Für die Kokosmilch-Sauce
- 2 Dosen Kokosmilch
- ½ TL Salz

Zubereitung

Der Pudding
Es gibt zwei Möglichkeiten, den Schwarzen Klebreis zu kochen:
1. Der Klebreis wird über Nacht eingeweicht und dann gekocht.
2. Der Klebreis wird mit dem Schnellkochtopf gekocht.

Wenn der Klebreis gekocht ist, wird die Temperatur verringert. Es muss immer wieder Wasser dazugetan werden, bis der Reis zu Brei wird. Normalerweise ist er dann noch etwas körnig. Es bietet sich an, einen Stabmixer zu verwenden. Nun Palmzucker und Salz dazugeben. Wenn es noch nicht süß genug ist, kann man noch etwas mehr Palmzucker oder normalen Zucker dazugeben.

Die Kokosmilch-Sauce
Die Kokosmilch zum Kochen bringen. Salz dazugeben, umrühren bis sie kocht.

Servieren
1 Schöpfkelle Pudding und dann die Sauce darüber gießen.

Ramazan und Leyla Atay

RAMAZAN UND LEYLA ATAY

Ramazan und Leyla Atay

Ramazan Atay, Fotograf und engagierter Menschenrechtler aus der südosttürkischen Kleinstadt Kiziltepe bei Mardin, floh 1996 nach Deutschland. 1999 folgten ihm im Rahmen der Familienzusammenführung seine Frau Leyla und seine vier Kinder.

In der Türkei besaß die Familie ein eigenes Fotostudio und ein 500 qm großes Haus mit einem wunderschönen Garten.

Durch Ramazans Kontakte mit politisch Verfolgten, mit englischen und deutschen Journalisten und Menschenrechtsorganisationen sowie seine Tätigkeit als Korrespondent der angesehenen Istanbuler Tageszeitung »Cumhuriyet« wurde die türkische Geheimpolizei auf ihn aufmerksam. Das besondere, von Misstrauen geprägte Interesse der Geheimpolizei wurde jedoch durch seinen engagierten Einsatz für die nordirakischen kurdischen Flüchtlinge, die 1988 nach Giftgasangriffen des Saddam-Hussein-Regimes in die Türkei geflohen waren, geweckt.

Ramazan unterstützte das von den Flüchtlingen gewählte Komitee, indem er deren Mitgliedern das Hinterzimmer seines Fotostudios für Treffen mit in- und ausländischen Besuchern zur Verfügung stellte und sein Telefon und Faxgerät zur Kontaktaufnahme und -aufrechterhaltung mit Exilkurden in Europa sowie mit europäischen Menschenrechtsorganisationen bereitstellte.

Die Hilfe, die Ramazan und seine Frau Leyla den Flüchtlingen gewährte, war von Anfang an ein hohes Risiko für die Familie. 1992 war die Sicherheit für das Leben und das Eigentum der Familien bereits in so großer Gefahr, dass sich Ramazan gezwungen sah, sein Geschäft zu verkaufen. Vier Jahre später blieb ihm nur noch die Flucht aus seiner Heimat.

Nach 9 Monaten Auffanglager und Asylbewerberheim verbrachte er noch ein Jahr in Hamburg, bis er schließlich 1998 in Rostock im Stadtteil Lütten-Klein eine Einraumwohnung beziehen konnte. 1999 konnte er dann endlich seine Frau und seine Kinder in Rostock begrüßen.

Die Familienmitglieder sind mittlerweile alle im Besitz eines deutschen Passes; außer Ramazan. Dieser hatte den Flüchtlingsstatus bekommen, bis er Ende 2008 auf Grund einer schriftlichen Anhörung den Bescheid erhielt, dass sein Abschiebeverbot aufgehoben sei, da sich die Verhältnisse in der Türkei mittlerweile so geändert hätten, dass die argumentative Grundlage für die Ausgabe eines Flüchtlingsstatus ausgehebelt sei. Soll heißen, Gefahr für sein Leib und Leben sei in der Türkei nicht mehr angezeigt. Nun ist er lediglich im Besitz eines Aufenthaltstitels mit gestatteter Erwerbstätigkeit.

Vor drei Jahren eröffnete Ramazan Atay sein eigenes Restaurant, das Kumpir-Haus. »New Roz« heißt es. New Roz ist das kurdische Neujahrsfest, welches am 21. März beginnt. Ein schöner Name, ein Neuanfang für die Familie Atay.

Das Kumpir-Haus ist zu einer guten Adresse in Rostock geworden.

Kumpir = Kartoffel ist ein preiswertes, leckeres und zugleich sehr nahrhaftes Gericht und besonders bei Studenten sehr beliebt.

Die Existenzgründung war nicht ganz einfach, es dauerte eine Zeit bis die Arbeit erste Früchte trug. Heute ist das Kumpir-Haus ein kleines Restaurant mit familiärem Flair und einer ganz besonderen Atmosphäre.

Glücklich ist sie in Deutschland, die engagierte und mutige Familie aus der Türkei mit ihren 4 Kindern und 5 Enkelkindern.

Und, so sagt Leyla, für sie sind alle Menschen gleich. Und zeigt dabei stolz auf ihre russische Schwiegertochter, die Enkel Nr. 6 in ihrem Bauch trägt.

Gefüllte Auberginen

Zutaten

- 6 Auberginen
- Öl
- 250 g Rinderhackfleisch
- 2 Tomaten
- 1 TL Pfeffer
- 1 TL Salz
- Petersilie
- 1 EL Tomatenmark
- 1 Glas Wasser
- 2 rote Paprikaschoten
- 6 Scheiben Zwiebeln

Zubereitung

Auberginen halbieren, in eine Pfanne etwas Öl geben, erhitzen und die Auberginenhälften darin anbraten (je Seite ca. 3 Minuten), einen Teller mit Küchenpapier auslegen und die Auberginen zum Abtropfen darauf legen.

Nun wird das Hackfleisch in der Pfanne angebraten, klein geschnittene Paprikaschote wird dazugegeben, 1 klein geschnittene Tomate, 1 TL Pfeffer und 1 ½ TL Salz und ein klein wenig klein gehackte Petersilie.

Die Auberginenhälften werden auf ein Backblech gelegt und mit einer Gabel etwas platt gedrückt, auf jede Hälfte kommt etwas Salz. Nun wird die Hackfleischmasse gleichmäßig in die Auberginen gefüllt. 1 EL Tomatenmark wird in ein Glas Wasser gerührt und mit auf das Blech gegeben.

Auf die Auberginenhälfte kommt nun je eine Scheibe Tomate, eine Scheibe Zwiebel und ein Streifen Paprika.

Bei 180 bis 200 Grad im offenen Ofen werden die Auberginen 15 Minuten gebacken.

Bulgur

Zutaten

- 500 g Suppennudeln
- 3 EL Öl
- 1 kg Weizengrütze (Bulgur)
- 1 TL Pfeffer
- 2 TL Salz
- 5 Glas Wasser

Zubereitung

Die Suppennudeln in einen Topf geben und kochen.
Danach in 3 EL Öl braten, bis sie eine hellbraune Farbe bekommen, dabei immer umrühren. Nun wird die Weizengrütze dazugegeben, außerdem noch 2 TL Salz, 1 TL Pfeffer und 5 Glas Wasser.
Wenn diese Masse beginnt zu kochen, die Temperatur verringern bis das Wasser verkocht ist. Die Masse wird nun mit einem Küchentuch bedeckt, damit er noch 5 Minuten ziehen kann.

Apfelkuchen

Zutaten

- 1 kg Mehl
- 250 ml Schlagsahne
- 1 Tüte Vanillezucker
- 1 Tüte Backpulver
- 1 Glas Zucker
- 2 EL Joghurt
- 250 g Margarine
- 1 kg rote Äpfel
- 250 g Walnüsse (klein gehackt)
- 1 EL Zimt
- Puderzucker

Zubereitung

Die Margarine wird in der Mikrowelle leicht erhitzt, so dass sie etwas flüssig ist. Nun die Margarine mit Mehl, Schlagsahne, Vanillezucker, Backpulver, Zucker und Joghurt in eine Schüssel geben und einen festen Teig kneten.

Die Äpfel werden gerieben und der Saft abgeseiht. In einer heißen Pfanne werden die Äpfel hineingegeben. Ein Glas Zucker, die klein gehackten Walnüsse und den Zimt hinzugeben.

Der Teig wird in ca. 100 bis 150 g große Stücke geteilt, jedes Stück wird ausgerollt und zu einem Viereck (ca. 15 × 15 Zentimeter) geformt und jedes mit der Apfelmasse gefüllt und aufgerollt.

Auf einem Backblech werden diese Kuchen bei 250 Grad nun 15 Minuten gebacken.

Am Schluss wird über alle Kuchen Puderzucker gesiebt.

Sanit und Bernd Dahlmann mit ihren Kindern Paul und Malte

SANIT UND BERND DAHLMANN

Sanit wurde 1984 in Thailand geboren, in einer besonderen Region, in Sisaket.

Dort lebte sie mit ihren Eltern, einer Schwester und einem Bruder in einem Dorf. Die Familie lebte vom Reisanbau.

Bernd Dahlmann besuchte vor 20 Jahren mit einem Freund vom Eishockey Thailand.

Bei seinem zweiten Besuch lernte er ein Mädchen kennen, Sanits Cousine. Beide verliebten sich und bekamen ein Baby.

Bei einem tragischen Verkehrsunfall kam Sanits Cousine ums Leben. Bernd, der Vater, kannte seine Verantwortung. Jedoch musste er zurück nach Deutschland. So brachte er seinen Sohn zu Sanits Eltern, die sich um den Kleinen kümmerten. Bernd besuchte regelmäßig, so es eben ging, seinen Sohn.

Dann geschah Unglaubliches. Mit gerade 10 Jahren verunglückte der Sohn ebenfalls bei einem Verkehrsunfall an der selben Stelle wie seine Mutter.

Eine Zeit der Trauer begann.
Sanit und Bernd trauerten gemeinsam und unterstützten sich. Daraus wurde eine Liebe. Sanit ging mit nach Deutschland.

Als 2006 ihr gemeinsamer Sohn Paul geboren wurde, bemerkten die Eltern, dass er am Knöchel ein Muttermal hatte – dasselbe und an der gleichen Stelle wie Bernds verstorbener Sohn. Ein Zeichen für beide, dass er nun wieder bei ihnen ist.

Ein Jahr später wurde ihr zweiter gemeinsamer Sohn, Malte, geboren.
Sanit und Bernd eröffneten ein Geschäft, den »Sammai Bazar«, ein Laden, in dem sie in Thailand und jetzt auch

in Neapel handgefertigte Kleidung und Schmuck verkaufen. »From the village to the town«, sagt Bernd über sein
Konzept.

Den Winter jeden Jahres verbringen beide in Thailand.
Sie sind glücklich hier in Deutschland, hier in Rostock.

Süßkartoffeln mit Palmzucker und Kokosmilch

Zutaten

- 500 g geschälte und gewürfelte Süßkartoffeln
- 1 TL Salz
- 600 ml Kokosmilch
- 5 EL Palmzucker

Zubereitung

Die Süßkartoffeln 30 Minuten in kaltem Wasser ziehen lassen.

In einem Topf Kokosmilch erhitzen, die abgegossenen Kartoffeln dazugeben, Palmzucker einrühren, bis er geschmolzen ist.

Dazu werden nun 300 ml Wasser gegeben und alles erneut zum Kochen gebracht, bis die Kartoffeln weich sind.

Grünes Garnelencurry

Zutaten

- 2 EL Erdnuss- oder Sonnenblumenöl
- 2 fein gehackte Knoblauchzehen
- 2 EL grüne Currypaste
- 12 ungegarte, geschälte und entdarmte Riesengarnelen
- 600 ml Kokosnuss-Creme
- 600 ml Gemüsebrühe
- 2 große frische rote, schräg in dünne Ringe geschnittene Chilischoten
- 4 TL Thailändische Fischsauce
- 8 runde große geviertelte Thai-Auberginen
- 1 EL Zucker
- 30 frische Thai-Basilikumblätter

Zubereitung

Das Öl in einer Pfanne erhitzen und den Knoblauch anbraten, bis er eine Bräune hat. Die Currypaste zugeben und alles gut verrühren.

Nun kommen die Garnelen hinzu und werden unter Rühren geschmort, bis das Fleisch gar ist. Die Brühe zugießen, nochmals aufkochen und dabei ständig rühren.

Chilischoten, Fischsauce, Auberginen und Zucker werden dazugegeben. Alles weiterköcheln lassen, bis die Auberginen gar sind.

Zum Servieren mit Basilikumblättern bestreuen. Dazu wird Reis gereicht.

Geröstete Cashewnüsse mit Kokosflocken

Zutaten

- 1 EL Erdnussöl
- 2 EL flüssiger Honig
- 250 g Cashewnüsse
- 100 g ungesüßte Kokosraspel
- 2 kleine, frische rote feingehackte Chilischoten
- Salz
- frisch gemahlener schwarzer Pfeffer

Zubereitung

Das Öl erhitzen und den Honig einrühren.

Nach wenigen Sekunden die Nüsse und Kokosraspel hinzufügen und rühren, bis eine Bräune erreicht ist. Die Chilis sowie Salz und Pfeffer dazugeben und alles gut vermengen.

Warm oder abgekühlt in Papiertüten oder auf kleinen Tellern servieren.

Stefanos und Aneliya Kechagias mit ihrer Familie

Aneliya und Stefanos Kechagias

Stefanos Kechagias wurde 1952 in Griechenland geboren und kam 1990 nach Rostock.

Früher war er Seemann, umreiste als Koch die Welt und arbeitete als Bäcker. 18 Monate lebte er in Amerika. Von dort ging er zurück nach Hamburg und Lübeck, zur Bundeswehr. Dort lernte er seinen Freund kennen, in dessen Gaststätte er als Koch arbeitete. Das war 1985. Schon ein Jahr später eröffnete er in Lübeck seine eigene Gaststätte, die er bis 1989 führte.

Warum kam er nach Rostock?
Als Seefahrer war er zwei Mal in Rostock, die Stadt gefiel ihm, er lernte viele Leute kennen und beschloss, nach Rostock umzuziehen und eine griechische Gaststätte zu eröffnen.

Er begann ganz bescheiden, indem er auf dem »Glatten Aal«, dem damaligen »Rostocker Markt«, in einer typischen Holzhütte Gyros verkaufte. Eine »griechische« Bude, das gab es bislang in Rostock nicht.

1991 dann war es soweit, er eröffnete das Restaurant »Syrtaki«, welches er bis zum heutigen Tage führt.

1994 vergrößerte er das Restaurant und 2006 baute er auch sein Wohnhaus auf diesem Grundstück.

Seine bulgarische Frau Aneliya lernte er 1997 in Griechenland kennen, als er dort, in seiner Heimat, Urlaub machte. »Sie ist ein Sechser im Lotto«, erzählt er uns.

Bis 2004 führten die beiden eine Fernbeziehung, dann kam Aneliya auch nach Deutschland und die beiden heirateten.

Jedes Jahr kommen Stefanos' Schwiegereltern für mehrere Monate zu Besuch.

Auf unsere Frage, wie es sich für Stefanos und seine Frau in Rostock lebt, erzählen beide, dass hier super nette Leute wohnen, sie viele gute Freunde haben und über rechtsradikale Anfeindungen nichts sagen können, da sie diese nie erlebten. »Wir hatte nie derartige Probleme«, sagt Stefanos.

Unser Gespräch fand in seinem Restaurant statt, die ganze Familie war anwesend, es war eine herrliche Atmosphäre und wir befanden uns im Kreise sehr netter gastfreundlicher und offener Menschen.

Gefüllte Tomaten und Paprika

Zutaten

- 6 rote, feste Tomaten
- 6 große grüne Paprika
- 2 feingeschnittene Zwiebeln
- 1 Tasse Tomatensaft
- 1 Bund Petersilie
- 12 EL Reis
- 1½ Tassen Öl
- Salz
- Pfeffer
- Zucker

Zubereitung

Tomaten und Paprika gut waschen. Von den Tomaten die Deckel aufschneiden (nicht ganz durchschneiden). Mit einem Löffel die Kerne und das Mark entfernen und aufbewahren. Darauf achten, dass man die Tomate nicht durchlöchert. Die Paprikaschoten auf der Stielseite öffnen und einen Deckel herausschneiden. Das weiße und die Kerne jeder Schote entfernen und entsorgen. Die Tomaten und Paprika nun in eine Auflaufform legen. Dann die Zwiebeln mit einer Tasse Öl in der Pfanne erhitzen. Wenn die Zwiebeln goldgelb sind, den Reis dazugeben und mit anbraten.

In der Zwischenzeit das Innere der Tomaten (ohne die Samenkörner) zerkleinern und den Saft sammeln. Beides zu dem Reis geben. Mit Salz, Pfeffer und Petersilie würzen. Eine halbe Tasse Wasser dazugeben und alle Zutaten kochen, bis die Flüssigkeit fast eingekocht ist. Dann die Pfanne von der Flamme nehmen. In jede Tomate und Paprikaschote einen halben TL Zucker geben, dann mit dem Reis nicht ganz bis zum Rand füllen. Einen EL Wasser und einen halben TL Zucker zugeben. Tomaten und Paprika mit den jeweiligen Deckeln schließen. In die Form eine Tasse Tomatensaft und eine halbe Tasse Öl geben. Mit Salz und Pfeffer würzen. Nun alles ca. eine Stunde im Ofen backen.

Gefüllte Pute

Zutaten

- 1 Pute (ca. 2 kg)
- 1 kleingeschnittene Zwiebel
- ½ Tasse Reis
- 1 Tasse Butter
- 2 Tassen Tomatensaft
- ½ TL Zimt
- ½ Tasse Mandeln
- ¼ Tasse Rosinen
- 1 kg Kartoffeln
- Salz
- Pfeffer

Zubereitung

Die Pute säubern und sorgfältig waschen. Innereien klein schneiden. Die Hälfte der Butter erhitzen und darin die Zwiebeln und die Innereien braten. Mit Salz und Pfeffer würzen und eine Tasse Tomatensaft zufügen. Dann die enthäuteten Mandeln, den Reis, die Rosinen und den Zimt dazugeben. Die Mischung mit etwas Wasser ergänzen und kurze Zeit kochen.

Die Kartoffeln schälen, mit Salz und Pfeffer würzen und in eine Backpfanne legen. Die zweite Tasse Tomatensaft darüber gießen. Die Pute mit der Mischung füllen und mit Nadel und Faden zunähen. Mit Butter bestreichen und mit Salz und Pfeffer einreiben. Die restliche Butter mit in die Backpfanne geben. Die Flüssigkeit mit etwas Wasser ergänzen und das Gericht bei mittlerer Hitze im Backofen backen.

Garnelen Juvetsaki

Zutaten

- 1 kg große Garnelen
- 300 g Schafskäse
- 1 Bund Petersilie
- 2 Tassen Öl
- 2 feingeschnittene Zwiebeln
- etwas Oregano
- Salz
- Pfeffer
- 1 Dose geschälte Tomaten

Zubereitung

Die Zwiebeln mit dem Öl in eine Pfanne geben und anbraten, bis sie goldgelb sind. Dann die geschälten Tomaten mit einer Gabel etwas zerdrücken und zugeben. Mit Salz und Pfeffer würzen, die Soße kurze Zeit kochen. Die Garnelen säubern, waschen und in sechs feuerfeste Portionsschüsselchen aus Ton verteilen. Die Soße ebenfalls auf die sechs Schüsselchen verteilen und mit feingehackter Petersilie und Oregano bestreuen. Den Schafskäse in große Würfel schneiden und jeweils einen auf die Schüsselchen legen. Das Gericht wird bei mittlerer Hitze etwa 30 Minuten gebacken.

VERZEICHNIS DER REZEPTE

Verzeichnis der Personen